Listening Lessons through 15 Inspirational Movies

現代映画のセリフで鍛えるリスニングスキル

by
Yuto Koizumi

TSURUMI SHOTEN

Listening Lessons through 15 Inspirational Movies

Copyright©2020 by Yuto Koizumi
and OTOWASHOBO TSURUMISHOTEN
All rights reserved.

自習用音声について

本書自習用音声は以下より無料でダウンロードできます。予習、復習にご利用ください。
（2020 年 4 月 1 日開始予定）

http://www.otowatsurumi.com/3890

URL はブラウザのアドレスバーに直接入力して下さい。
パソコンでのご利用をお勧めします。圧縮ファイル (zip) ですのでスマートフォンでの場合は事前に解凍アプリをご用意下さい。

はしがき

　英語のリスニングを訓練するなら、心のどこかにひっかかる映画の台詞で学んでみよう。これがこの教科書のメインコンセプトです。この教科書には、15本の映画作品から台詞の一部をとりあげています。作品選択の基準は、私たちが生きているこの現実の世界について、より深く思考させてくれ、明日を生き抜く手がかりとなる物語かどうかということです。いきなり何を大げさな、と思われるかもしれませんが、映画は、たった2時間ほどの時間をかけて、私たちの人生を寓話として語り直しているメディアであると考えてみればどうでしょうか。さらにその2時間の中の、物語上重要だと思われる、わずか30秒〜1分程度の場面を選び、しかもリスニングと音読の練習に特化したのがこの教科書です。

　本書では、特に英語が発話される際のクセ（脱落、連結、変化するt音）に焦点を当てて練習問題化しています。音声はすべて吹き込み直したものですが、これらの練習問題をこなしていくことで、英語のナチュラルな音に少しずつ慣れてゆくことができるでしょう。

　しかし本書ではそれだけではなく、このようなリアルな英語発話のクセを「音読」することで、またそのようなクセを含んだ「台詞」を「音読」することで、リスニング力を増強する狙いがあります。人生について考えさせる映画の、しかも心のどこかにひっかかる台詞でリスニング力を強化するというユニークな組み合わせを、ぜひ楽しんでいただければ幸いです。

　また、この教科書を通じて気になる映画を見つけたなら、実際の映画を観てみてください。その際、本書で学習した箇所については、字幕を読まなくても何を言っているか理解できる、そして台詞から何か大切なことを思考できるという、そのような実感を少しでも得てもらえれば、編著者としてこれ以上の喜びはありません。

　本書のアイデアは、映画を使って筆者が実践してきた英語クラスの内容が元になっていますので、興味を絶やさず受講してくれている全ての学生に感謝しています。

　最後になりますが、本書の執筆にあたり協力していただいたお二人に御礼申し上げます。まず、例文作成時の作業を手伝っていただいた、東京工業大学社会・人間科学系博士後期課程所属の今野和彦さんに感謝申し上げます。

　そして、本書の英文のチェックをして下さった早稲田大学名誉教授のアンソニー・マーティン先生に深く感謝申し上げます。台詞を文字化した後の校閲から、例文の作成に至るまで、原稿に丁寧に目通して頂きました。各ユニットの〈1：リスニングのポイント〉における例文の汎用性と意味の奥深さは、マーティン先生のお仕事に依るところが大きいです。

編著者

本書の使い方
(各 Unit の構成について)

各 Unit タイトルページ：
　その Unit で扱う映画に関する情報——監督、主な配役、テーマ、あらすじ——を提示しています。配役の内、本書で取り上げた台詞に該当する人物には★を付けました。

① リスニングのポイント（自習用ダウンロード音声収録）

このセクションでは、独自に作成した例文を使用しながら、その Unit で主に扱うリスニングのポイントを実践的に学びます。下線が引かれた箇所に特に注目し、音声を聞きながら忠実に発話（音読）してみましょう。本書において、「音読」という訓練の重要性は強調してもしすぎることはありません。全てのセクションにおいて、「音読」を徹底しましょう。

　特定の箇所に下線を引いたのは、リスニングに困難が生じがちな、英語の発話におけるクセである「脱落」、「連結」、あるいは「変化する t 音」に絞って練習できるようにするためです。発話できない音は、聴き取ることは難しいのですが、逆に言えば、発話することにさえ慣れていれば、聴き取りは容易になります。音読を繰り返してこれら英語の発話におけるクセに慣れることにより、リスニングでも、よりはっきりと音を把握できるようになります。
①－③の指示文にしたがって音読の練習を繰り返し行なってください。

　なお参考までに、ここではあえて、ポイントとなる発音をカタカナ表記で提示しています。以下、テキストの例を挙げて説明します。

[2 頁]

> 《脱落する子音》
>
> b) Who can say <u>what you'll</u> know next year?
> 　　　　　　　　（ワユル）

下線の部分　what you'll (what you will) は自然な英語の発音では「ワットユール」ではなく「ワユル」に近い音で聞こえます。発音のポイントは、what の "t" が脱落する（＝完全に、もしくはほとんど発話されない）という点です。特にこの場合、what はもはや「ワ」としか発話されていませんので、「ット」の部分は除いています。他の例では「ワット」と表記する場合もありますが、この小さくなった「ト」はほとんど発話しなくて良いというサインです。

《単語同士の連結》

c) Some facts are too difficult for people to accept <u>and you know it</u>.
(アンジューノウィッ₍ₜ₎)

下線の部分 and you know it は自然な英語の発音では「アンド　ユー　ノウ　イッ₍ₜ₎」ではなく、「アンジューノウィッ₍ₜ₎」に近い音で聞こえます。これは、and you における [...d] と [y...] がつながり（= 連結）、「ジュー」と発話されるためです。know it も同様で、[...w] と [i...] がつながって、「ウィ」と発話されます（t は脱落）。

[8頁]

《変化するt音》

f) You have to do your job; it's <u>how it is</u>.
(ハウイディズ)

下線部 how it is は自然な英語の発音では「ハウ　イット　イズ」ではなく、(特にアメリカ英語では)「ハウイディズ」に近い音で聞こえます。これは前後を母音にはさまれた "t" (i[t] + is) が "r" もしくは "d" の音に変化して発話されるためです（[...t] と [i...] の連結も発生）。

以上のようにテキストの具体例で説明しましたが、もちろん、カタカナでは外国語の音声を再現することには無理がありますし、そもそも話者個人によって発音にもバラエティーがあるのは間違いありませんが、手早く音声的なクセを身につけてもらうには有効です。

②　実際の台詞を聴いて空欄箇所を書き取ってみましょう（自習用ダウンロード音声収録）

ここでは、実際の台詞どおりに吹き込みした音声を聴き、穴埋め書き取り作業によってリスニングのスキルを確かめます。空欄になっている多くの部分が ① で学んだ事柄と共通しますので、① の例文の音読に習熟した後で ② に進んでもらえれば、高まったリスニング力を実感することができるでしょう。また、実際の台詞をリスニングするという意味で、① の応用問題と捉えてもらってもいいでしょう。

　音声を何度も繰り返し聴いて書き取ってみましょう。「聴いて⇒書き取る」作業がリスニング力の向上には大切です。

　もし余裕があれば、台詞が何を伝えているのかを読解するのも有効です。「場面の背景」も参考にしつつ、なぜこのような台詞が発せられているのかについて推測してみましょう。次の ③ のための予習にもなります。

❸ リスニング力を高めるための音読トレーニング（自習用ダウンロード音声収録）

ここでは、台詞の意味も理解しながら「音読」に集中します。ここではチャンク（意味のかたまり）ごとにスラッシュ（／）で区切りを入れてあります。また、台詞の英語に並走する形で、日本語訳を載せています。訳文はチャンクごとに、英語の語順通りに理解していけるように記述しています。英語を音読しながら、日本語訳に沿って内容を理解しているかどうかを確認してください。できれば、リスニングに困難が生じがちな「脱落」、「連結」、「変化する t 音」も音読で再現できるように、何回でもチャレンジしてみましょう。「何を伝えているのかを理解しながら英語を音読する」という活動を繰り返し行うことが、リスニング力の大きな向上につながります。

❹ Dictation

ここでは、その Unit 全体の復習として、英語の書き取り問題を用意しています。特色は、いずれの文も、様々な映画の台詞であるということです。文脈が分からないため少々面食らう刺激的な文もありますが、それは、映画脚本家が知恵と感覚を投入して書き上げた（そして監督が演出し、役者が発話することで命を吹き込む）、生きた英語の台詞であるがゆえです。書き取りが完成したら、訳も参考にしながら、お気に入りの台詞はどれか考えてみましょう。何度も音読し、暗唱できるようにしておけば、言葉の「引き出し」が増えます。それらの台詞はもしかしたら、皆さんにとって生きるための知恵となるかも知れません。願わくは実際にその作品を観てもらいたいと思います。覚えた台詞がどの場面で発話されるのかを見つけることも楽しいでしょう。

［参考文献］

『映画英語教育論』中谷安男、八尋春海　共編著　スクリーンプレイ、2003 年

『英語リスニング教材開発の理論と実践──データ収集からハンドアウトの作成と教授法まで』
　小林敏彦著、小樽商科大学出版会、2008 年

『映画で学ぶ英語学』倉田誠著、くろしお出版、2011 年

本書の執筆にあたっては上記の文献を参考に致しました。記して感謝致します。

目 次

はしがき

本書の使い方（各 Unit の構成について）

Unit 1 『メン・イン・ブラック』*Men in Black*（1997） 1

Unit 2 『バットマン』*Batman*（1989） 7

Unit 3 『レナードの朝』*Awakenings*（1990） 13

Unit 4 『500 日のサマー』*500 Days of Summer*（2009） 19

Unit 5 『007 スカイフォール』*Skyfall*（2012） 25

Unit 6 『スパイダーマン 2』*Spider-Man 2*（2004） 31

Unit 7 『サンキュー・スモーキング』*Thank You for Smoking*（2006） 37

Unit 8 『ジュノ』*Juno*（2007） 43

Unit 9 『ロビン・フッド』*Robinhood: Prince of Thieves*（1991） 49

Unit 10 『バックドラフト』*Backdraft*（1991） 55

Unit 11 『マジック・イン・ムーンライト』*Magic in the Moonlight*（2014）
.... 61

Unit 12 『セッション』*Whiplash*（2014） 67

Unit 13 『アイヒマンの後継者 ミルグラム博士の恐るべき実験』
Experimenter（2014） 73

Unit 14 『ロスト・イン・トランスレーション』*Lost in Translation*（2003）... 79

Unit 15 『オデッセイ』*The Martian*（2015） 85

『メン・イン・ブラック』
Men in Black (1997)

『メン・イン・ブラック』
© ソニー・ピクチャーズ

◆ 監督：Barry Sonnenfeld / バリー・ソネンフェルド
◆ 主要登場人物（俳優）：
　John Edwards/ ジョン・エドワーズ (Will Smith) ★
　K (Tommy Lee Jones) ★
◆ 舞台設定：1990年代アメリカ（映画が製作された時代とほぼ一致）、ニューヨーク
◆ テーマ：宇宙人は既に地球に来ている、しかも地球人に紛れて生活している？

あらすじ

MIB（Men in Black、黒服の男達）……それは宇宙人を目撃してしまった人を訪ね、遭遇の記憶を消す秘密エージェントを意味する。実はこの地球上には既に宇宙人が訪問しており、地球人・宇宙人双方にとってトラブルが生じないよう、宇宙外交はアメリカ政府内で秘密裏に徹底管理されているのだ。MIB部署は、いわば地球外生命体とのトラブルバスターを請け負う専門機関なのである。そんなMIBが、欠員を補充するために新人のスカウトに乗り出した。ベテラン・エージェントであるKが目をつけたのは、地球人のふりをした足の速い宇宙人を追い詰めた経験のあるエドワーズ刑事であった。

1 リスニングのポイント：a) から e) の下線部の音の変化を学びます

① 下線部の英語とカタカナ表記を見比べ、発音を把握し、音読する。
② 下線部の英語に注意し、英文全体を音読する。
③ 録音された音声に合わせて音読する。スムーズに発音できるまで繰り返す。

《脱落する子音》

a) Would people handle it if they saw an alien.
　　　　　　　（ハンドリット）

b) Who can say what you'll know next year?
　　　　　　　（ワユル）

《単語同士の連結》

c) Some facts are too difficult for people to accept and you know it.
　　　　　　　　　　　　　　　　　　　（アンジューノウィット）

d) Three hundred years ago, nobody believed that flight was possible.
　　　　（ハンドレッディャーザゴゥ）

e) He heard about the alien invasion fifteen minutes ago.
　　　　　　　　　　　　　　　　　　　（ミニッツァゴゥ）

2 実際の台詞を聴いて空欄箇所を書き取ってみましょう。

《場面の背景》

MIB になるための試験を突破したエドワーズであったが、地球には宇宙人が既に飛来しており、地球との外交まで極秘裏に展開しているという事実には驚きを隠せない。宇宙人との関係について、一般人にはなぜ知らされないのか疑問に思ったエドワーズは、ベテラン MIB である K に尋ねるのであった……。

JOHN EDWARDS:

Why the big secret? People are smart. (1.   ).

K:

A person is smart. People are dumb, panicky, dangerous animals, (2.   ). Fifteen (3.   ), everybody knew the Earth was the center of the universe. Five (4.   ), everybody knew the Earth was flat. (5.   ), you knew that people were alone on this planet. Imagine (6.   ) tomorrow.

3 リスニング力を高めるための音読トレーニング

① 〔黙読〕日本語訳も内容理解に役立てながら、英語の語順通りに読んで理解する。
② 〔音読〕チャンクごとの内容を理解しながら英文を発話していく。
③ 〔音読〕録音された音声に合わせて発話していく。②と行きつ戻りつを繰り返す。
★ 〔発展〕テキストを見ず、音声に合わせて発話していく。②③と行きつ戻りつを繰り返す。

JOHN EDWARDS:

Why the big secret? / People are smart[1]. / They can handle it[2].
なぜそんなに秘密にする？ / 人間は馬鹿じゃない。 / 上手くやっていけるよ。

K:

A person is smart. /
人は個人だと賢い。

People are dumb[3], panicky[4], dangerous animals, / and you know it[5].
集団では馬鹿で、パニックを起こし、危険な動物と化す、 / 君も知っての通りだ。

Fifteen hundred years ago, /
1500年前は、 /

everybody knew / the Earth was the center of the universe[6].
皆が認識していた / 地球は全宇宙の中心にあるのだと。

Five hundred years ago, / everybody knew / the Earth was flat[7].
500年前は、 / 皆が認識していた / 地球は平らなのだと。

NOTES
1 **smart**「賢い」
2 **it** 宇宙人が既に地球を訪問しており、秘密裏に外交が発展してきているということ。
3 **dumb**「愚かな」
4 **panicky**「パニックに陥りやすい」
5 **it** "A person is smart. People are <u>dumb, panicky, dangerous animals</u>" を指す。
6 **universe**「世界、宇宙」ここでのKの台詞は、これまでに人間が考えてきた世界のありようを端的かつ順を追って説明している。例えば "the Earth was the center of the universe" とは、天動説を指す。地動説が認められるまでは、現在から見ると明らかに誤っている天動説が一般的であった。現在を生きる我々もまた、かつての天動説を信じていたような人々とそう変わらない可能性があるのだ、ということ。
7 **flat**「平らな」

K:
And fifteen minutes ago, / you knew /
15分前まで、　　　　　／君は認識していた／

that people were alone / on this planet[8].
人間しかいないと　　　／この惑星には。

Imagine[9] / what you'll know[10] tomorrow.
想像してみろ／明日にお前がどんなことを知るかを。

8　**planet**「惑星」
9　**imagine**「想像する」
10　**what you'll know**「お前が知るであろうこと」(what SV)

4 Dictation

(1) Believe it or not, I (   ).

「信じようが信じまいが、私はこれをなんとかできる」

『宇宙戦争』 *War of the Worlds* (2005)

(2) Can anyone guess what this building was used (   )?

「この建物が 100 年前に何に使われていたか誰か分かりますか？」

『シックス・センス』 *The Sixth Sense* (1999)

(3) You just missed him. He left (   ).

「彼はさっきまでここにいたわよ。15 分まえにどこかに行ったけど」

『ターミネーター2』 *Terminator 2: Judgment Day* (1991)

(4) There's something terribly wrong here in Derry, (   )!

「ここデリーでは何か恐ろしく間違ったことが起こっている、君も知っているくせに！」

『イット』 *IT* (1990)

(5) (   ) more than soup if you are to survive in my kitchen, boy.

「しかし君はスープ作り以上のことを知らなくちゃいけない、もし私のキッチンで生き残りたいならば」

『レミーのおいしいレストラン』 *Ratatouille* (2007)

『バットマン』
Batman (1989)

『バットマン』
© ワーナー・ホーム・ビデオ

◆ 監督：Tim Burton / ティム・バートン
◆ 主要登場人物（俳優）：
　Bruce Wayne, Batman / ブルース・ウェイン , バットマン (Michael Keaton) ★
　Jack Napier, Joker / ジャック・ネイピア、ジョーカー (Jack Nicholson)
　Vicki Vale / ヴィッキー・ヴェイル (Kim Basinger) ★
◆ 舞台設定：ゴッサム・シティ（何処でもない、芸術的な建築様式を保つが退廃した街）
◆ テーマ：ヒーローの孤独、正気と狂気の境目、トラウマとの対峙

あらすじ

　犯罪者達がはびこる悪徳の街ゴッサム・シティ。夜な夜な街を見守る男バットマンは、法の力を借りることなく犯罪者達を容赦なく裁く「ダーク・ナイト（闇の騎士）」だ。彼の正体は大富豪の実業家ブルース・ウェイン。幼き頃に両親が暴漢に殺害されるのを見て以来、彼は犯罪者を心から憎み、暴力を介してでも彼らを駆逐する力を発揮するのだ。圧倒的な財力と科学技術を駆使して悪を裁くバットマンの前に、奇怪なメイクで顔を覆った「犯罪の道化師 / 殺人ピエロ」ジョーカーが立ちふさがる。愉快犯的な破壊活動で街を恐怖に陥れるジョーカーを止めるのはバットマンしかいない。ゴッサム・シティの平和を巡り、バットマンとジョーカー、狂気に駆られた善と悪が対決する……。

1 リスニングのポイント：a) から g) の下線部の音の変化を学びます

① 下線部の英語とカタカナ表記を見比べ、発音を把握し、音読する。
② 下線部の英語に注意し、英文全体を音読する。
③ 録音された音声に合わせて音読する。スムーズに発音できるまで繰り返す。

🎧7 《脱落する子音》

a) <u>It doesn't</u> matter what he said.
　　（イッ_トダズン_ト）

b) This is <u>not a perfect world</u>, so let's do our best with what we have.
　　（ナッ_トアパーフェク_トワール_ド）

c) Please <u>let me in</u> so I can know you better.
　　（レッミーン）

🎧8 《単語同士の連結》

d) He didn't know what to <u>think about</u> this problem.
　　（シィンカバウ_ト）

e) <u>Won't you</u> sit down and relax for a little while.
　　（ウォンチュー）

🎧9 《変化する t 音》

f) You have to do your job; it's <u>how it is</u>.
　　（ハウイディズ）

g) I've <u>gotta</u> go to school tomorrow.
　　（ガダ）

8　UNIT 2　*Batman*

② 実際の台詞を聴いて空欄箇所を書き取ってみましょう。

《場面の背景》

ジャーナリストであるヴィッキーはブルースと付き合う内に、彼のもう一つの顔がバットマンであることを知る。ジョーカーとの最終決戦を前にしたブルースに、彼女は問いかける。なぜ、彼は愛する彼女にすら心を許してくれないのか、と……。

VICKY VALE:

Why (1.   )? Why?

BRUCE WAYNE / BATMAN:

You (2.   ).

VICKY:

I've loved you since I met you. But I don't know what to think of all this. I really don't.

BRUCE:

Look, sometimes I don't know (3.   ). It's just something I have to do.

VICKY:

Why?

BRUCE:

Because nobody else can. Look, I tried to avoid all this, but I can't. This is (4.   ). It's (5.   ).

VICKY:

(6.   ) a perfect world. I just gotta know, are we gonna try to love each other?

BRUCE:

I'd like to. But he is out there, right now. And (7.   ) work.

UNIT 2 *Batman*

3 リスニング力を高めるための音読トレーニング

① 〔黙読〕日本語訳も内容理解に役立てながら、英語の語順通りに読んで理解する。
② 〔音読〕チャンクごとの内容を理解しながら英文を発話していく。
③ 〔音読〕録音された音声に合わせて発話していく。②と行きつ戻りつを繰り返す。
★ 〔発展〕テキストを見ず、音声に合わせて発話していく。②③と行きつ戻りつを繰り返す。

VICKY VALE:

Why won't you let me in[1]?　　/ Why?
どうして私を受け入れてくれないの？／なぜ？

BRUCE WAYNE / BATMAN:

You got in[2].
君は既にここにいるじゃないか。

VICKY:

I've loved[3] you / since I met you.
好きだった　　　／出会った時からずっと。

But I don't know / what to think of[4] all this[5].　　/ I really don't[6].
でもわからないの　／このこと全部をどう捉えたらいいか。／本当にわからない。

BRUCE:

Look[7],　/ sometimes I don't know / what to think about this.
いいかい、／時々僕もわからなくなる　　／これについてどう考えれば良いのかは。

It's just something I have to do[8].
これは僕がやらなくちゃいけないことなんだ。

NOTES
1 **let in ... / let ... in**「…を受け入れる」
2 **get in**「入り込む、親しくなる」
3 **I've loved you since ...**「…以来あなたのことを思ってきた／好きだった」
4 **what to think of/about ...**「…についてどう考えれば良いのか」
5 all this Bruce が、夜はバットマンという別の顔で人生を生きているということ等
6 **I really don't** [know what to think all of this].
7 **look** 聞き手の注意を促す意図で「ほら」と話しかける、といった意味合い。
8 **something I have to do**「私がやらなくてはいけないこと」(something SV)

UNIT 2 *Batman*

VICKY:

Why?
どうして？

BRUCE:

Because / nobody else[9] can. /
なぜかって / 他の誰かではできないから。

Look, I tried to avoid[10] all this, / but I can't.
全てを避けようとした / でも出来ないんだ。

This is how it is[11]. / It's not a perfect world.
こういう風にできているから。/ ここは完璧な世の中じゃない。

VICKY:

It doesn't have to be[12] / a perfect world.
そんな必要ないじゃない / 完璧な世の中だなんて。

I just gotta[13] know, / are we gonna[14] try to love / each other[15]?
知ろうとしてきた、 / 私達は好きになろうとしているのか / 互いに。

BRUCE:

I'd like to[16]. / But he[17] is out there[18], right now[19].
そうであればいい。/ だがあいつがいる、今は。

And I've gotta go to work[20].
そして僕にはやるべき仕事が。

---

9 **nobody else ...**「他に誰も ... する者はいない」
10 **avoid**「避ける」
11 **how it is**「こういう状況」"This is how it is."「これがありのままの状態なの」
12 **it doesn't have to be ...**「…である必要なんてない」
13 **gotta**「…しないといけない」(have to … / got to …)
14 **are we gonna**「…しようとしている」(are we going to …)
15 **love each other**「お互いを愛する」
16 **I'd like to** [love you].
17 **he** 街を混乱に陥れている愉快犯 Joker を指す。
18 **out there**「そこに」ここでは、自分が倒すべき敵 (Joker) が街にいる、という意味合い。
19 **right now**「今すぐに」
20 **have gotta ...**「…しないといけない」(have to …)

4 Dictation

(1) (　　　　　　　　　　) any difference where she is.

「彼女がどこにいるかはどうでもいい」

『ノーカントリー』 *No Country for Old Men* (2007)

(2) You're not going to (　　　　　　　　) there, are you?

「私を受け入れてくれないのね、そうでしょ？」

『007 カジノ・ロワイヤル』 *Casino Royale* (2006)

(3) I try not to (　　　　　　　　).

「それについては考えないようにしてみるよ」

『シザー・ハンズ』 *Edward Scissorhands* (1990)

(4) Then why? Why (　　　　　　　　)? What are you so scared of?

「じゃあなぜ？ どうして来てくれないの？ 何をそんなに怖がっているの？」

『グッドウィル・ハンティング』 *Good Will Hunting* (1998)

(5) (　　　　　　　　　　), things like this wouldn't happen.

「完璧な世界だったら、このようなことは起こらないだろう」

『パーフェクト・ワールド』 *A Perfect World* (1993)

UNIT 3

『レナードの朝』
Awakenings (1990)

『レナードの朝』
© ソニーピクチャーズ

◆ 監督：Penny Marshall / ペニー・マーシャル
◆ 主要登場人物（俳優）：
　Robin Williams / ロビン・ウィリアムズ (Dr. Malcolm Sayer) ★
　Robert De Niro / ロバート・デニーロ (Leonard Lowe) ★
　Eleanor Costello / エレノア・コステロ (Julie Kavner)
◆ 舞台設定：1960年代後半、ニューヨーク州ブロンクス、神経科病院。
◆ テーマ：人付き合いが苦手、医学の進歩と一次的な敗北、医者の仕事とは何か？

あらすじ

1969年のアメリカ、マルコム・セイヤー医師はブロンクスにある神経科病院に臨床医として勤務し始めた。人付き合いが苦手なため患者と直接に接する臨床医としての仕事に自信が持てないセイヤー医師だったが、そこで彼が目にしたのは、眠り病に侵され、十数年も意識が戻らないまま日々を過ごしている患者達であった。

年少期に病にかかり、今や30年以上も眠り続けているレナードも、老いていく母親に介護されながらそこにいた。体が硬直して意思も無いように思えた患者達だが、セイヤー医師の調査と研究によって新薬の投与が実施される。最初に覚醒を示したのはレナードだった。

病院に新薬投与を働きかけてきたセイヤー医師とエレノア・コステロ看護師長を始め、病院のスタッフは医学の偉大さを思い、自分たちの仕事にも誇りを感じ始める。続いて多くの患者達が長い「眠り」から覚め、時を経て老いた体に驚きながらも病院内で自分達の人生を楽しみ始めるのだが……。

1 リスニングのポイント：a) から e) の下線部の音の変化を学びます

① 下線部の英語とカタカナ表記を見比べ、発音を把握し、音読する。
② 下線部の英語に注意し、英文全体を音読する。
③ 録音された音声に合わせて音読する。スムーズに発音できるまで繰り返す。

🎧14 《脱落する子音》

a) Mankind can't change the cosmic movement of the sun and stars.
（キャントチェインジ）

b) It is incredible that you are not very good at mathematics.
（ナットベリーグッド）

c) What did you do last weekend?
（ワディ）

🎧15 《単語同士の連結》

d) I wish I could be a better doctor.
（ウィシャイ）

🎧16 《変化する r 音》

e) Science will continue to progress, no matter what.
（ノマラワット）

2 実際の台詞を聴いて空欄箇所を書き取ってみましょう。

《場面の背景》
30年間の記憶がないレナードを現在の環境に慣れさせる意図もあり、セイヤー医師は彼を外に連れ出す。街を一通り見た後、医師はレナードを自分の自宅に案内する。壁に掛かった元素の周期表に注目するレナードに解説をするセイヤー医師であったが、次第に彼自身が苦手な人付き合いについて話題が移っていく。人を救う医師であるセイヤーの人間臭い内面が明かされるのだが……。

DR. SAYER:
Every element has its place in that order. You (1.   ). They're secure, (2.   ).

LEONARD:
You're not married?

DR. SAYER:
Me? No. I'm (3.   ) people. I, um, I never have been, Leonard. I like them. I … (4.   ) I had more than a rudimentary understanding of them. Maybe if they were less unpredictable.

LEONARD:
Eleanor would disagree with you.

DR. SAYER:
Eleanor?

LEONARD:
Miss Costello.

DR. SAYER:
Oh, of course. She's spoken to you about me? (5.   )?

LEONARD:
That you are a kind man. That you care very much for people.

UNIT 3 *Awakenings* 15

3 リスニング力を高めるための音読トレーニング

① 〔黙読〕日本語訳も内容理解に役立てながら、英語の語順通りに読んで理解する。
② 〔音読〕チャンクごとの内容を理解しながら英文を発話していく。
③ 〔音読〕録音された音声に合わせて発話していく。②と行きつ戻りつを繰り返す。
★ 〔発展〕テキストを見ず、音声に合わせて発話。②③と行きつ戻りつを繰り返す。

🎧 17

DR. SAYER:

Every element[1] has its place / in that order[2].　　/ You can't change that[3].
全ての元素に決まった場所があり / この順番で並んでいる。 / これを変えることはできない。

They're secure[4], / no matter what.
安定しているんだ、 / 何があろうとね。

LEONARD:

You're not married?
結婚していないの？

DR. SAYER:

Me?　/ No. I'm not very good with[5] people.
僕が？ / いや、人付き合いは得意じゃなくって。

I, um, I never have been, Leonard.
僕は、僕は人とうまく付き合えたことがないよ、レナード。

I like them[6]. / I ... I wish I could say[7] / I had /
人は好きだよ。 / 言えるといいんだけど　 / 僕にはあると /

more than a rudimentary understanding of[8] them.
人間に対する初歩的な理解以上のものが。

NOTES
1　**element**「元素」
2　**in that order**「あの順番で」元素周期表における元素の順番が不変であることを説明している。
3　**that** [that order]
4　**secure**「安心できる」
5　**good with ...**「…と仲良くやる」
6　**them** [people]
7　**I wish I could say ...**「…だって言えたらいいのだけれど」
8　**rudimentary understanding of ...**「…に対する基礎的な理解」

DR. SAYER:

Maybe if[9]   / they were less unpredictable[10].

いいなって思う / 人間がもっと予測できるものであれば。

LEONARD:

Eleanor would disagree with[11] you.

エレノアならあなたに反対するだろうな。

DR. SAYER:

Eleanor?

エレノア？

LEONARD:

Miss Costello[12].

ミス・コステロ。

DR. SAYER:

Oh, of course[13]. / She's spoken to you about me?[14] / What did she say?

ああ、彼女だね。 / 彼女、僕について君に話を？ / なんて言ってた？

LEONARD:

That[15] you are[16] a kind man. / That you care very much for[17] people.

あなたは親切な人だって。 / 他人のことをとても気遣ってるって。

---

9 **Maybe if ...**「もし ... でありさえすればなぁ」
10 **unpredictable**「予測のつかない」
11 **disagree with ...**「…に反対する」
12 **Miss Costello** とあるが、現代では Miss（未婚女性）よりも Ms（未婚か既婚かを問わない）の方が一般的になりつつある。
13 **of course**「もちろん」「もちろん Miss Costello のことだね」、といったニュアンス。
14 **has spoken to A about B**「A に対して B について話す」
15 **[She said] That ...**「…って（彼女は言ってた）」
16 **you are**　3 行目の "You're" とは異なり、Leonard (De Niro) はここでは短縮せずに "You are" と発話している。より強調する意図が見て取れる。
17 **care for ...**「…のことを気遣う」

UNIT 3 *Awakenings*

4 Dictation

(1) Sorry. I'm (   ).

「すまない。私は人付き合いが得意じゃなくってね」

『セイント』 *The Saint* (1997)

(2) (   ) anybody tells you, words and ideas can change the world.

「誰がなんと君に言おうとも、言葉と思考は世界を変えることができる」

『今を生きる』 *Dead Poets Society* (1989)

(3) I (   ) order.

「その命令は下せない」

『ザ・ロック』 *The Rock* (1996)

(4) (   ) say?

「なんだって？」

『フォレスト・ガンプ』 *Forrest Gump* (1994)

(5) (   ) knew what I'm supposed to do.

「自分のやるべきことがわかっていればと思うよ」

『マトリックス・リローデッド』 *The Matrix Reloaded* (2003)

『500日のサマー』
500 Days of Summer (2009)

『500日のサマー』
© 20世紀フォックス

◆ 監督：Mark Webb / マーク・ウェブ
◆ 主要登場人物（俳優）：
　Tom Hansen / トム・ハンセン (Joseph Gordon Levitt) ★
　Summer / サマー (Zoey Deschanel)
　Rachel Hansen / レイチェル・ハンセン (Chloë Grace Moretz) ★
◆ 舞台設定：2000年代アメリカ（製作された年代とほぼ一致）
◆ テーマ：破局に向かう恋愛、運命の出会いはあるのか？、正直になることへの恐怖

あらすじ

グリーティングカードを作る会社に勤める青年トムは同僚のサマーと付き合い始める。仕事も恋も順調に思えたけれど、Summerの心が自分から離れていく日々が始まった。500日の間、愛して、喧嘩して、離れて、また近づいて……そして二人は決定的な別れに向かっていく。

1 リスニングのポイント：a) から g) の下線部の音の変化を学びます

① 下線部の英語とカタカナ表記を見比べ、発音を把握し、音読する。
② 下線部の英語に注意し、英文全体を音読する。
③ 録音された音声に合わせて音読する。スムーズに発音できるまで繰り返す。

《脱落する子音》

a) Mark met Margarita at the gym.
  （メット）　　　　　（アッザジム）

b) Will the mysterious man show up at her place?
  （ショアッァットハープレイス）

c) You don't want to know the truth.
  （ユドントウォント）

《単語同士の連結》

d) If I were you, I'd find out who she loves now.
  （ファインダウト）

e) He is just afraid of finding out the inconvenient truth.
  （ジャスタフレイドヴ）

f) These past few months have been so beautiful.
  （マンツァビン）

《変化するt音》

g) The boy will never get an answer if he doesn't ask the girl.
  （ゲラナンサー）

2 実際の台詞を聴いて空欄箇所を書き取ってみましょう。

《場面の背景》
恋人サマーの気持ちが離れていっていることに不安を覚えたトムは、おませな妹レイチェルに相談を持ちかける。12, 3歳程度のレイチェルがトムより遥かに大人な意見を、悟りを開いたかのように語るのがなんとも可笑しいのだが……。

TOM HANSEN:

So, (1.   ) saying ...

RACHEL HANSEN:

I'm saying you (2.   ). It's obvious. You're (3.   ) you'll (4.   ), which will shatter all the illusions of (5.   ). Now look, if it were me, I'd (6.   ) before you (7.   ) and, well, she's in bed with Lars from Norway.

TOM:

Who's Lars from Norway?

RACHEL:

Just some guy she (8.   ) with Brad Pitt's face and Jesus's abs.

3 リスニング力を高めるための音読トレーニング

① 〔黙読〕日本語訳も内容理解に役立てながら、英語の語順通りに読んで理解する。
② 〔音読〕チャンクごとの内容を理解しながら英文を発話していく。
③ 〔音読〕録音された音声に合わせて発話していく。②と行きつ戻りつを繰り返す。
★ 〔発展〕テキストを見ず、音声に合わせて発話していく。②③と行きつ戻りつを繰り返す。

TOM HANSEN:

So, what you're saying ...
じゃあ、お前が言いたいのは…

RACHEL HANSEN:

I'm saying   / you do want[1] to ask her.
私が言いたいのは / 兄さんは彼女に確かめたいんだってこと。

It's obvious[2].
分かりきってる。

You're just afraid[3] / you'll get an answer   / you don't want[4], /
兄さんはただ怖いの / はっきりした答えを聞くのが / 聞きたくもないでしょうけれど、/

which will shatter   / all the illusions of[5] / how great[6] /
聞けば終わってしまうね / 全ての幻影が   / いかに素敵だったかって /

these past few months[7] have been[8].
この数ヶ月のこれまでで。

NOTES
1 **do want** do が want を強調している。
2 **obvious**「明らかな」
3 **afraid SV**「SV ということを恐れている」
4 **an answer you don't want**「あなたが求めていない答え」
5 **shatter all the illusions of ...**「…についてのあらゆる幻想を止める」
6 **how SV**「どれほど S が V であるか」
7 **these past few months**「これまでの過去の数ヶ月」
8 **have been** サマーと付き合い始めた時点から現在までの期間について述べている。(現在完了)

RACHEL:

Now look[9], / if it were me[10], / I'd find out[11] now / before you show up /
いいかしら　　／もし私が兄さんだったら、／確かめるのは今ね　　／訪ねる前に／

at her place / and, well, she's in bed / with Lars from Norway[12].
彼女の家に　　／そして、えっと、彼女は寝ている／ノルウェーからきたラースと。

TOM:

Who's Lars from Norway?
誰だよノルウェーからきたラースって？

RACHEL:

Just some guy[13] / she met at the gym[14] /
単にその辺の男　　／彼女がジムで会って／

with Brad Pitt's face and Jesus' abs[15].
ブラッド・ピットの顔とキリスト様の腹筋を持ってる。

---

9 **now look**「ねえ、いいかしら」
10 **if it were me**「もし私だったら」
11 **find out**「見つける、はっきりさせる」
12 **in bed with ...**　性的な意味合いがある。続く "Lars from Norway" は実在もしていなければ深い意味もなく、例えばこういうこともありうるという話の中でレイチェルが適当にでっち上げた人物。
13 **guy**「男、やつ」
14 **just some guy she met at the gym**「彼女がジムで出会ったその辺の適当な男」
15 **with Brad Pitt's face and Jesus' abs**　レイチェルが理想像を比喩的に表現している。

4 Dictation

(1) He's hiding something, and we (　　　　　　) what that is.

「彼は何か隠している、そして我々はそれがなんであるかを見つけなければならない」

『インセプション』 *Inception* (2010)

(2) ... but in reality, you are (　　　　　　).

「... しかし現実は、君はただ怯えている」

『キャプテン・アメリカ/ザ・ファースト・アヴェンジャー』
Captain America: The First Avenger (2011)

(3) I (　　　　　　) rude.

「失礼なことはしたくないの」

『アメリカン・ビューティー』 *American Beauty* (1999)

(4) I am going to (　　　　　　).

「私は答えを得るだろう」

『グリーン・ゾーン』 *Green Zone* (2010)

(5) The first time (　　　　　　) I really didn't like you (　　　　　　).

「私たちが最初に会った頃、あなたのことがそんなに好きじゃなかった」

『恋人たちの予感』 *When Harry Met Sally ...* (1989)

UNIT 5

『007 スカイフォール』
Skyfall (2012)

『007 スカイフォール』
© 20世紀フォックス

◆ 監督：Sam Mendes / サム・メンデス
◆ 主要登場人物（俳優）：
　James Bond, 007 / ジェームズ・ボンド (Daniel Craig) ★
　M (Judi Dench)
　Q (Ben Whishaw) ★
　Raoul Silva / ラウル・シルヴァ (Javier Bardem)
◆ 舞台設定：2000年代イギリス（映画が製作された時代とほぼ一致）、トルコ、上海
◆ テーマ：プロフェッショナルとは？、世代交代に対する不安、テロとの闘い

あらすじ

英国の諜報機関 MI6 に勤める一流スパイ ― コードネーム「007」（任務途中において必要であれば殺人も許可されるエージェントの称号）を冠する―ジェームズボンドの活躍を描く映画シリーズの第23作目。ロンドン中心にある MI6 本部がハッキングされた挙句に爆破されるという事件が発生、首謀者と見られるサイバー・テロリストを追い、任務を果たそうとする007であったが……。

1 リスニングのポイント：a) から f) の下線部の音の変化を学びます

① 下線部の英語とカタカナ表記を見比べ、発音を把握し、音読する。
② 下線部の英語に注意し、英文全体を音読する。
③ 録音された音声に合わせて音読する。スムーズに発音できるまで繰り返す。

《脱落する子音》

a) Well I'll see if I can find the answer <u>on my laptop</u>.
（オマラッㇷ゚トッㇷ゚）

b) We all need to relax <u>every now and then</u>.
（エブリナワンゼン）

c) It's <u>hard to know</u> which way to go in the dark.
（ハートゥノウ）

《単語同士の連結》

d) And youth will be the provider <u>of innovation</u>.
（オヴィノベーション）

e) I read more in a week <u>than you</u> did <u>in a</u> semester at college.
（ザニュー）　（イナ）

f) I write all my emails every morning <u>sitting in my</u> pajamas before my first <u>cup of</u> coffee.
（シティギマ）
（カッポㇷ゚）

26　UNIT 5　*Skyfall*

2 実際の台詞を聴いて空欄箇所を書き取ってみましょう。

《場面の背景》

MI6爆破テロの捜査にあたり、上司Mから下された最初の指令は、ロンドンの美術館にて武器開発係（Quartermaster、通称Q）から任務に必要なアイテムを受け取ることだった。待ち合わせ場所の美術館にて、熟練の老武器開発係が来ると思いきや、話しかけてきたのは自分よりも遥かに若い青年。「私が新しいQです (I'm your new Quartermaster)」と名乗る青年に、ボンドは「まだニキビのある若造じゃないか (you still have spots)」と訝しむ。それぞれが代表する世代を賭けた、丁々発止の静かなる「言葉の闘い」が始まる……。

Q:
Age is no guarantee of efficiency.

BOND:
(1.   ) is no guarantee (2.   ).

Q:
(3.   ) I can do more damage (4.   ) pajamas (5.   ) Earl Grey (6.   ) in the field.

BOND:
Oh, so why do you need me?

Q:
(7.   ) a trigger has to be pulled.

BOND:
Or not pulled. (8.   ) in your pajamas.

3 リスニング力を高めるための音読トレーニング

① 〔黙読〕日本語訳も内容理解に役立てながら、英語の語順通りに読んで理解する。
② 〔音読〕チャンクごとの内容を理解しながら英文を発話していく。
③ 〔音読〕録音された音声に合わせて発話していく。②と行きつ戻りつを繰り返す。
★ 〔発展〕テキストを見ず、音声に合わせて発話していく。②③と行きつ戻りつを繰り返す。

30

Q:

Age[1] is no guarantee of[2] / efficiency[3].
年齢は保証しない / 仕事の巧さを。

BOND:

And youth[4] is no guarantee of / innovation[5].
そして若さは保証しない / 革新性を。

Q:

Well, I'll hazard[6]   / I can do more damage[7] /
言わせてもらいますが / より多くの損害を与えられます /

on my laptop[8] / sitting in my pajamas /
自分のPCで / パジャマを着たままで

before my first cup of Earl Grey[9] /
最初のアール・グレイを飲む前に /

than[10] you can do / in a year in the field[11].
あなたがするよりも / 一年の内に現場で。

NOTES
1 **age**「年齢」ここでは、若い Q との対比で、年齢の高い Bond のことを指す。
2 **no guarantee of ...**「…を保証しない」guarantee of ...「〜の保証する」
3 **efficiency**「効率性」ここでは、「仕事ができる」「有能」ということ。
4 **youth**「若さ」中年の Bond に対し、Q の若い年齢を指す。
5 **innovation**「革新性、新しいものを生み出す力」
6 **hazard ...**「…ということを思い切って言う、ぶっちゃける」
7 **can do more damage**「より多くの損害を与える」
8 **laptop**「ノートパソコン」
9 **before my first cup of Earl Grey**「朝の起き抜けに一杯のアール・グレイを飲む前に」Earl Grey 柑橘類であるベルガモットで香りをつけた紅茶。
10 **can do more ... than you can do**「あなたができるよりも多くの…を与えられる」
11 **in the field**「現場で」field「現場、戦場」

28 UNIT 5 *Skyfall*

BOND:
Oh, so why do you need me?
ああ、じゃあどうしてお前は俺を必要とするんだ？

Q:
Every now and then[12] / a trigger has to be pulled.
時には　　　　　　／引き金が引かれなければならないからです

BOND:
Or not pulled[13].　／ It's hard to know which[14] / in your pajamas[15].
または引かれないか。／ 判断は難しいぞ　　　　／ パジャマを着たままではな。

---

12 **every now and then**「時には」(sometimes)
13 **Or not pulled.**　Or [a trigger has] not [to be] pulled.「引き金が引かれるべきではないこと」もあり得るということ。
14 **It's hard to ...**「…することは難しい」
15 **in your pajamas**「パジャマを着たままでは」

4 Dictation

(1) What are you doing (　　　　　　　　　)? Seriously?

「私のノートパソコンで何をしているんだ？勘弁してくれよ」

『俺たちフィギュア・スケーター』 *Blaze of Glory* (2015)

(2) I see Grace (　　　　　　　　　).

「時々グレイスに会うよ」

『キャッチ・ミー・イフ・ユー・キャン』 *Catch Me If You Can* (2003)

(3) It was (　　　　　　　) who was more crazy.

「誰が狂っていたかを判断するのは難しかった」

『マッド・マックス　怒りのデス・ロード』 *Mad Max: Fury Road* (2015)

(4) They're more dangerous (　　　　　　　　　).

「君が思うより彼らはずっと危険だ」

『スター・ウォーズ』 *Star Wars* (1977)

(5) I'm gonna need (　　　　　　　　).

「一杯のコーヒーがいる」

『ダーク・ナイト』 *The Dark Knight* (2008)

UNIT 6

『スパイダーマン2』
Spider-Man 2 (2004)

『スパイダーマン2』
© ソニーピクチャーズ

◆ 監督：Sam Raimi / サム・ライミ
◆ 主要登場人物（俳優）：
　Peter Parker, Spider-Man / ピーター・パーカー、スパイダーマン (Tobey Maguire)
　May Parker, Aunt May / メイ・パーカー、メイ伯母さん (Rosemary Harris) ★
　Mary Jane Watson, MJ / メアリー・ジェーン・ワトソン、MJ (Kirsten Dunst)
　Dr. Otto Octavius / オットー・オクタヴィアス博士 (Alfred Molina)
◆ 舞台設定：2000年代アメリカ（製作された年代とほぼ一致）
◆ テーマ：ヒーローとは何か、公と私のせめぎあい、大いなる力には大いなる責任が宿る

あらすじ

　ピーター・パーカーは高校時代、化学実験体の蜘蛛に噛まれ特殊な能力を得て、スパイダーマンとして人々を守る決意を固めた（『スパイダーマン』1作目）。

　しかし、たび重なる救助活動はピーターを疲弊させていく。大学生としての勉学も、家賃を払うためのアルバイトもうまくこなせない。心を寄せるメアリー・ジェーン (MJ) が女優として活躍する舞台を観に行く時間もない。

　「自分の個人としての幸せを妨げるなら、ヒーローを辞めてもいいんじゃないか？」と思うピーターは、スパイダーマンのコスチュームを路地裏に捨てるのであった……。

　個人としての人生を謳歌するピーター。大学では予習の成果を活かして教授の質問に的確に答えることができるし、MJ の舞台も観に行ける。強盗に襲われる市民がいても、ピーターが助けに行くことはもうない。彼は個人の時間と労力を、自分のために大事に使うことに決めたのだから。

　「親愛なる隣人」として街を守るスパイダーマンは、もう戻っては来ないのだろうか……。

1 リスニングのポイント：a) から e) の下線部の音の変化を学びます

① 下線部の英語とカタカナ表記を見比べ、発音を把握し、音読する。
② 下線部の英語に注意し、英文全体を音読する。
③ 録音された音声に合わせて音読する。スムーズに発音できるまで繰り返す。

🎧34 《脱落する子音》

a) <u>And years</u> later, people will remember how he fought against evil.
　　（アン ド イヤーズ）

b) They crowded around to <u>get a glimpse of</u> the accident.
　　　　　　　　　　　　（ゲラ グリンプソ ﾌ）

c) Please <u>hold on a second longer</u>.
　　　　（ホールドナ セカン ド ロンガ）

🎧35 《単語同士の連結》

d) People <u>line up for them</u> to ask for autographs.
　　　　（ライナッ ﾌ フォエム）

e) I wonder if there's a hero <u>in all of us</u>.
　　　　　　　　　　　　　（イノーロヴァス）

2 実際の台詞を聴いて空欄箇所を書き取ってみましょう。

《場面の背景》
ヒーロー活動に嫌気がさしたピーターは、せいせいした気分で人生を謳歌し始めていた。一方、スパイダーマンがいなくなったため、街では犯罪が増加傾向にある。そんな折、ピーターがメイ叔母さんの家の片付けを手伝っている際、近所の子供がピーターに尋ねる。「スパイダーマンはどこに行っちゃったの？」。その後、モヤモヤした気分を抱えるピーターに、メイ叔母さんはヒーローがどのようなものかを語り始める。

MAY PARKER:

Everybody loves a hero. People (1.   ), cheer them, scream their names. (2.   ), they'll tell how they stood in the rain for hours just to (3.   ) the one who taught them how to (4.   ). I believe there's a hero (5.   ) that keeps us honest, gives us strength, makes us noble, and finally allows us to die with pride. Even though sometimes we have to be steady and, and give up the thing we want the most, even our dreams.

3 リスニング力を高めるための音読トレーニング

① 〔黙読〕日本語訳も内容理解に役立てながら、英語の語順通りに読んで理解する。
② 〔音読〕チャンクごとの内容を理解しながら英文を発話していく。
③ 〔音読〕録音された音声に合わせて発話していく。②と行きつ戻りつを繰り返す。
★ 〔発展〕テキストを見ず、音声に合わせて発話。②③と行きつ戻りつを繰り返す。

MAY PARKER:

Everybody loves a hero.
誰もがヒーローを愛している。

People line up[1] for them, / cheer[2] them, / scream their names.
みんなはヒーロー達のために列をなし、/ 彼らを励まし、/ その名を叫ぶ。

And years later, / they'll tell[3] / how they stood / in the rain for hours /
そして何年も後、 / 彼らは語るでしょう / どう立っていたか / 雨が降る中で何時間も /

just to get a glimpse of[4] / the one / who taught them[5] /
ただ一目でも見ようと / その人を / 自分達に教えてくれた /

how to[6] hold on a second[7] longer.
（大きな困難の中で）ほんの少しでも持ちこたえるやり方を。

I believe[8] / there's a hero in all of us /
私は信じている / ヒーローが私達の心の中にいるのを /

NOTES
1 **line up**「列を成す」
2 **cheer ...**「…を励ます」
3 **tell how they stood ...**「どうやって彼らが立ち続けていたかを伝える」(tell how SV)
4 **get a glimpse of ...**「…を一目でも見る」
5 **the one who taught them ...**「彼らに ... を教えてくれた人」
6 **how to ...**「…する方法」
7 **hold on a second**「少しだけ持ちこたえる」
8 **believe there's a hero**「ヒーローがいるということを信じる」

MAY PARKER:

that keeps us[9] honest, / gives us[10] strength[11], /
私達を正直でいさせてくれ / 強さを与えてくれ、/

makes us[12] noble,　/ and finally allows us to[13] die with pride.
気高くいさせてくれて、/ そして最後には誇り高く死なせてくれる。

Even though / sometimes we have to be steady and, /
たとえ　　　 / 時に私達が覚悟を決め、/

and give up the　　　 / thing we want the most, / even our dreams.
諦めなければならなくても / 自分達が最も望む物事を、　 / 自分達の夢でさえ。

---

9 [a hero] **keeps us ...**「（ヒーローは）私達を…でいさせてくれる」
10 [a hero] **gives us ...**「（ヒーローは）私達に…をくれる」
11 **strength**「力強さ」
12 [a hero] **makes us ...**「（ヒーローは）私達を…でいさせる」
13 (a hero) **allows us to ...**「（ヒーローは）は私達に…させてくれる」

4 Dictation

(1) Everyone will (　　　　　　　) and appreciate it and what you did for us.

「誰もが列を成し、そのことや、君が私たちにしてくれたことに対し感謝するだろう」

『ロスト・ワールド』 *The Lost World: Jurassic Park* (1997)

(2) (　　　　　　　　　) one second longer?

「ちょっとだけ待ってもらえますか？」

『チャーリーズ・エンジェル』 *Charlie's Angels* (2000)

(3) The search for it is the search for the divine (　　　　　　　).

「これを調査することで、我々一人一人の中にある神聖を探ることになる」

『インディ・ジョーンズ 最後の聖戦』 *Indiana Jones and the Last Crusade* (1989)

(4) But didn't you even (　　　　　　　　　) his face?

「でも彼の顔をちょっとでも目にしなかったの？」

『ダイヤル M を廻せ』 *Dial M for Murder* (1954)

(5) (　　　　　　　), he fathered at least two children …

「何年も後、彼は少なくとも二人の子供の父親となった……」

『アンダーワールド』 *Underworld* (2003)

『サンキュー・スモーキング』
Thank You for Smoking (2006)

『サンキュー・スモーキング』
© 20世紀フォックス

◆ 監督：Jason Reitman / ジェイソン・ライトマン
◆ 主要登場人物（俳優）：
　Nick Naylor / ニック・ネイラー (Aaron Eckhart) ★
　Joey Naylor / ジョーイ・ネイラー (Cameron Bright)
　Polly Bailey / ポリー・ベイリー (Maria Bello)
　BR (J. K. Simmons)
◆ 舞台設定：2000年代アメリカ（制作年代とほぼ一致）
◆ テーマ：情報操作（スピン・コントロール）、説得術、人と異なる見方をする方法

あらすじ

タバコ会社の敏腕宣伝マン（スポークスマン）であるニックの仕事は言葉で相手を言い負かすことだ。今日もTV討論会に出席しては喫煙の害を訴える人々を向こうに回し、喫煙しても健康に問題のないことを視聴者に印象付ける。ガン保険社員には「喫煙によるガン患者が増えて特をするのは君達の方だ」と言い切り、不利な状況を一気に有利な方向に転換してみせるニックの話術は止まる所を知らない。「相手が間違っていることを証明すれば、自分が正しいという事になる (I prove that you're wrong and if you're wrong, I'm right.)」をモットーに、ニックは実に手際よく情報操作—スピン (spin) —を行うプロとして仕事に邁進するのであったが……。

1 リスニングのポイント：a) から e) の下線部の音の変化を学びます

① 下線部の英語とカタカナ表記を見比べ、発音を把握し、音読する。
② 下線部の英語に注意し、英文全体を音読する。
③ 録音された音声に合わせて音読する。スムーズに発音できるまで繰り返す。

🎧 40 《脱落する子音》

a) Are you sure salads are good for you?
　　　　　　　　　　　　　　（グッд）

b) Don't just take the writer's word for it; check the references.
　　（ドンдジャスд）　　　　　　　（ワーдフォイッд）

c) He may act like a professional, but not an honest one.
　　　　　（アクдライク）　　　　　（バッдナッд）

🎧 41 《単語同士の連結》

d) He is sort of an expert in the academic field of sociology.
　　　　　（ソーロブァン）

e) Have your parents always told you what to think?
　　　　　　　　　　　　　（トールジュ）

🎧 36 《変化する t 音》

f) Your idea is not what I'm getting at.
　　　　　　　　（ワライム）

38　UNIT 7 *Thank You for Smoking*

2 実際の台詞を聴いて空欄箇所を書き取ってみましょう。

《場面の背景》

ニックの息子ジョーイが通う小学校で、「お父さんの仕事は何？」というテーマで保護者が自分の仕事をクラス全体に紹介する時間がある。ニックの番がやってきたが、彼の前に話をしていたのは、消防士やパイロットなど「文句のつけられない立派な（特に人のために働く）仕事」を持った父親たちだ。「僕はタバコ会社のスポークスマンをやってる」と言うニックに、生徒の一人からは早速「タバコは体に害があるってママが言ってたよ」という発言が飛ぶ。スピンの技術を活かし、「君のママは医者かい？それとも専門の研究者か何か？」と質問でやり返すニック。大事なことはタバコに害があるかどうかの話じゃない、と言わんばかりにニックの話術が冴え渡る。

NICK:

I'm here to say that when someone tries to (1.   ), you can respond, "Who says?"

Girl:

So cigarettes are (2.   )?

TEACHER:

No.

NICK:

No. That's not, that's not (3.   ). My point is you have to think for yourself. You have to challenge authority. (4.   ) that chocolate was dangerous, would you (5.   )?

CLASS:

No.

NICK:

Exactly. So perhaps (6.   ) when it comes to cigarettes, you should find out for yourself.

3 リスニング力を高めるための音読トレーニング

① 〔黙読〕日本語訳も内容理解に役立てながら、英語の語順通りに読んで理解する。
② 〔音読〕チャンクごとの内容を理解しながら英文を発話していく。
③ 〔音読〕録音された音声に合わせて発話していく。②と行きつ戻りつを繰り返す。
★ 〔発展〕テキストを見ず、音声に合わせて発話。②③と行きつ戻りつを繰り返す。

🎧 43

NICK:

I'm here to say[1] / that when someone tries to act / like some sort of[2] an expert, /
僕はここで言うよ / 誰かが振る舞おうとしている時 / ある種の専門家のように /

you can respond[3], / "Who says?"[4]
君達はこう返せばいい / 「誰が言ったの？」って。

Girl:

So / cigarettes are good for you?
じゃあ / タバコは体にいいってこと？

TEACHER:

No.
そんなことはないわ。

NICK:

No. / That's not, / that's not / what I'm getting at[5].
そんなことはないですね。/ 違う、 / 違うんだよ / 僕が言おうとしていることは。

My point is[6] / you have to think for yourself[7].
僕の言いたいことは / 君達は自分の頭でものを考えなくちゃいけない。

NOTES
1 **I'm here to say that ...**「僕がここにいるのは…ということを言いたいからだ」
2 **some sort of ...**「ある種の…」
3 **respond ...**「…に反応する」
4 **who says?**「誰が言ったの？」相手の論の根拠を問い、批評的な思考を促す表現。
5 **what I'm getting at ...**「私が言おうとしていること」/ get at ...「…という結論に行き着く」
6 **my point is, ...**「僕が言いたいことは、…ということだ」
7 **think for yourself**「自分のために思考する、自分の頭で考える」

NICK:

You have to challenge authority[8].
君達は権威に対して疑問を投げかけないといけない。

If your parents told[9] you　　　／ that chocolate was dangerous, ／
もし君たちの両親が君達に言ったら／チョコレートが危険な食べ物だと、／

would you just take their word for it[10]?
その言葉をそっくり信じてしまうのかい？

CLASS:

No.
そんなことないよ。

NICK:

Exactly.　　　　／ So perhaps　　／ instead of[11] acting like sheep[12] ／
まさにその通り！／じゃひょっとして／羊のように振る舞うんじゃなく／

when it comes to[13] cigarettes, ／
タバコのことになると，／

you should find out for yourself[14].
君達は自分の頭で答えを見つけないといけないんだ。

8　challenge authority「権威に逆らう」
9　If your parents told you that ...「君たちの親が君たちに…ということを伝えたとすれば」
10　take their word for it「それ（両親の言いつけ）を当然のことと考える、…を鵜呑みにする」
11　instead of ...ing「…する代わりに」
12　act like sheep「羊のように振る舞う」［疑問も持たずに権威に従う様子を羊に例えている］
13　when it comes to ...「…が話題に上がると」
14　find out for yourself「自分で答えを見出す」（"think for yourself" と同義）

4 Dictation

(1) You think (   ) because I'm egocentric?

「君は考えているね、僕がこのように振る舞うのは僕が自己中心的だからだと」

『恋はデジャ・ブ』 *Groundhog Day* (1993)

(2) Are you (   ) love expert?

「あなたはある種の恋愛の達人なのかな？」

『アナと雪の女王』 *Frozen* (2013)

(3) But you see (   ).

「でも君は私の言いたいことが分かっている」

『マグノリア』 *Magnolia* (1999)

(4) You can (   ), there will be no war.

「私の言葉を信じてもらっていいが、戦争は起こらないよ」

『市民ケーン』 *Citizen Kane* (1941)

(5) Who (   ) you (   )?

「君は幸福になれないと誰が言ったんだ？」

『世界に一つのプレイブック』 *Silver Linings Playbook* (2012)

『ジュノ』
Juno (2007)

『ジュノ』
© 20世紀フォックス

◆ 監督：Jason Reitman/ ジェイソン・ライトマン
◆ 主要登場人物（俳優）：
　Juno MacGuff/ ジュノ・マクガフ (Ellen Page) ★
　Paulie Bleeker/ ポーリー・ブリーカー (Michael Cera)
　Mac MacGuff/ マック・マクガフ (J.K. Simmons) ★
　Bren MacGuff/ ブレン・マクガフ (Allison Janney)
◆ 舞台設定：2000年代アメリカ（映画が製作された時代とほぼ一致）
◆ テーマ：未成年の妊娠、親子の関係、物事を異なる角度から捉える

あらすじ

16歳の高校生ジュノは、同級生のポーリーと初体験を済ませた際に妊娠してしまう。戸惑うばかりでいまいち頼りないポーリーをよそに、彼女が自分で決めた解決法は、出産し、子供を里子に出すことだった。里親候補で見つけたのは、彼女から見て理想的な夫婦、マークとヴァネッサだった。ジュノの子供をもらうことを大歓迎する夫妻は、ジュノが出産するまでの間、彼女と交流し続けることを希望する。頭の回転が早く、口を開けば大胆なジョークとユーモアに満ちた会話ができるジュノは、ちょっと変わっているけれど暖かい友人や家族に囲まれている一人の女の子だ。悩みつつも伸び伸びと生きようとするジュノに、最初はぎこちなかった夫妻も親しみを覚え始め、良好な関係が育まれつつあったのだが……。

1 リスニングのポイント：a) から f) の下線部の音の変化を学びます

① 下線部の英語とカタカナ表記を見比べ、発音を把握し、音読する。
② 下線部の英語に注意し、英文全体を音読する。
③ 録音された音声に合わせて音読する。スムーズに発音できるまで繰り返す。

《脱落する子音》 47

a) You <u>just need to</u> know whether people can really spend their lives together
（ジャス₍ト₎ニー₍ド₎トゥ）
happily.

b) <u>It's not</u> easy for two people always to live together in mutual respect.
（イツナッ₍ト₎）

c) He may not have the <u>best track record</u> for achieving happiness.
（ベス₍ト₎トラッ₍ク₎レコー₍ド₎）

d) Never giving up is the <u>best thing</u> you can do.
（ベス₍ト₎シン₍グ₎）

《単語同士の連結》 48

e) You better <u>find a</u> person who <u>loves you</u> for being yourself.
（ファインダ）　　　　　（ラブジュー）

f) She is the <u>kind of</u> person that is always loved by her friends.
（カインダ₍ヴ₎）

2 実際の台詞を聴いて空欄箇所を書き取ってみましょう。

《場面の背景》
ジュノはお腹の子供が生まれたら里子にし、自分にとって理想的な夫婦に思えるロリング夫妻に託そうとし、夫妻もそれを承諾した。全ては上手くいくはずだった。しかし夫のマークは、妻とは違って自分の音楽・映画・漫画への趣味を理解してれるジュノに恋をしてしまう。理想に思えたロリング夫妻の関係は、崩壊寸前にまで陥ってしまう。ジュノが父マックに「人間性への信頼をすっかり失いそう (I'm just like losing my faith with humanity.)」と打ち明けると……。

JUNO MACGUFF:

I (1.　　　　　　　　　) that it's possible that two people can stay happy together forever.

MAC MACGUFF:

Well, (2.　　　　　　　　　), that's for sure. Now, I may (3.　　　　　　　　　) in the world, but I have been with your stepmother for 10 years now and I'm proud to say that we're very happy. Look, in my opinion, (4.　　　　　　　　　) you can do is (5.　　　　　　　　　) for exactly what you are. Good mood, bad mood, ugly, pretty, handsome, what have you, the right person is still going to think the sun shines out your ass. That's (6.　　　　　　　　　) that's worth sticking with.

JUNO:

Yeah. And I think I've found that person.

3 リスニング力を高めるための音読トレーニング

① 〔黙読〕日本語訳も内容理解に役立てながら、英語の語順通りに読んで理解する。
② 〔音読〕チャンクごとの内容を理解しながら英文を発話していく。
③ 〔音読〕録音された音声に合わせて発話していく。②と行きつ戻りつを繰り返す。
★〔発展〕テキストを見ず、音声に合わせて発話していく。②③と行きつ戻りつを繰り返す。

🎧 49

JUNO MACGUFF:

I just need to know /
私はただ知りたいの /

that it's possible / that[1] two people / can stay happy together forever.
できるということを / 二人の人間が / 永遠に一緒に幸せに暮らせる。

MAC MACGUFF:

Well, it's not easy[2], / that's for sure[3].
そうだな、それは簡単じゃない、/ そのことは確かだ。

Now, I may not have / the best track record in the world, /
まぁ、私は持ってはいないかもな / 世界中で一番の記録を /

but I have been with[4] your stepmother[5] / for 10 years now /
しかし君の継母と連れ添って / もう十年にもなる /

and I'm proud / to say that[6] we're very happy.
そして誇りに思うよ / 僕らはとても幸せだと言うのを。

Look, in my opinion[7], / the best thing[8] you can do is / find a person /
いいかい、私が思うに / お前にできる最上のことは / 一人の人を見つけることだ /

NOTES
1 **it's possible that ...**「…ということは可能だ」
2 **it** "that two people can stay happy together forever" を指す。
3 **fore sure**「それは確かだ」
4 **I have been with ...**「…とずっと一緒にいる」（現在完了）
5 **stepmother**「継母」ジュノの父マックは、妻を亡くした後、Bren と再婚している。
6 **proud to say that ...**「…ということを誇りに思う」
7 **in my opinion**「私が思うに」
8 **the best thing you can do**「お前にできる最上のこと」

MAC:

who[9] loves you　　/ for exactly[10] what you are[11].
お前を愛してくれる / まさにあるがままのお前を。

Good mood, bad mood, ugly, pretty, handsome,　/ what have you[12], /
機嫌が良い、機嫌が悪い、醜い、可愛い、顔立ちが良い、 / お前がどうあろうとも、/

the right person is still going to think / the sun shines out your ass[13].
正しい人間なら考えてくれるはず　　　　　/ お前のケツから太陽が輝いているんだと。

That's the kind of[14] person / that's[15] worth sticking with[16].
そういう相手なんだ　　　　　/ 一緒にいるべきなのはな。

JUNO:

Yeah.　　/ And I think　　/ I've found[17] that person.
きっとね。/ で私は思うんだけど / もうその人を見つけたの。

9　**a person who loves ...**「…を愛してくれる人」
10　**exactly**「まさしく」
11　**what you are**「君が何者であるか / そのままの君」
12　**... (and) what have you**「…など。…とかそういったこと。」(and so on, etc.)
13　**think the sun shines out your ass**　"ass" のような一般的に汚いと思われているところにも太陽の輝きを見出してくれるような相手が "the right person" だということ。マックのユーモアあふれるセリフ。
14　**the kind of ...**「そういう類の…」
15　**person that's worth ...**「…する価値のある人」
16　**worth sticking with**「一緒にいる価値がある」
17　**I've found ...**「ついに…を見つけた」(現在完了)

4 Dictation

(1) I (　　　　　　　　　), you know?

「私はただ知りたいのだ」

『アンブレイカブル』 *Unbreakable* (2000)

(2) The (　　　　　　　　　) Tony is also the worst thing.

「トニーについて最高のことは、最悪のことでもある」

『アイアン・マン』 *Iron Man* (2008)

(3) I'd be happy to (　　　　　　　) who'd talk dirty to me.

「俺について悪く言う女の子と出会いたい」

『トップ・ガン』 *Top Gun* (1986)

(4) No wonder your husband (　　　　　　　　　).

「君の夫がまだ君を愛していることに間違いはないね」

『裏窓』 *Rear Window* (1954)

(5) I just have (　　　　　　　　) gut feeling, you're gonna win this.

「なんとなく思うんだが、君はこれに勝利するだろう」

『スラムドッグ・ミリオネア』 *Slumdog Millionaire* (2009)

『ロビン・フッド』
Robin Hood: Prince of Thieves (1991)

『ロビン・フッド』
© ワーナー・ホーム・ビデオ

◆ 監督：Kevin Reynolds／ケビン・レイノルズ
◆ 主要登場人物（俳優）：
 Robin of Locksley, Robin Hood／ロビン・オブ・ロックスリー、ロビン・フッド (Kevin Costner) ★
 Azeem／アジーム (Morgan Freeman)
 Marian／マリアン (Mary Elizabeth Mastrantonio)
 George, Sheriff of Nottingham／ジョージ、ノッティンガム代官 (Alan Rickman)
◆ 舞台設定：中世イングランド、ノッティンガム[1]、第三次十字軍[2] の時代 (1189–1192)
◆ テーマ：弱き者達の味方、無法者達による抵抗、自由のための闘い、オリエンタリズム批判

あらすじ

舞台は中世イングランド、第三次十字軍 (1189–1192) が勃発した頃、英国貴族ロビン・オブ・ロックスリーはアラブ諸国での戦争から故郷ノッティンガムに帰還した。かつて領主の息子として我儘な幼少期を過ごしたロビンは、無益な戦争に参加することで悲惨な状況を目の当たりにしたのであった。彼がそこで学んだことは、人は生まれによって気高さが決まるわけではなく、行動がそれを決め、勇敢に闘う人間に貴族も平民も異国人も関係がないという真理だった。帰国したロビンは父がノッティンガム代官ジョージによって謀殺され、権力を掌握した代官によって故郷に悪政が敷かれている事を見て取る。代官に立ち向かう事を決意したロビンは、シャーウッドの森で仲間を集め、市井の人々を守る英雄「ロビン・フッド」となり活躍していくのだが……。

NOTES
1 ノッティンガム：イングランド中心部ノッティンガムシャーにある都市。
2 第三次十字軍 (1189–1192)：イスラム教徒によって占領された聖地エルサレム（現イスラエル）を奪還しようと、西欧の諸国が協同して中東に攻め入った戦争。劇中ではすでに第3回目が勃発している。ロビン・フッドの物語自体はフィクションであるが、この映画は物語の背景に現実の宗教戦争を設定している。

1 リスニングのポイント：a) から f) の下線部の音の変化を学びます

① 下線部の英語とカタカナ表記を見比べ、発音を把握し、音読する。
② 下線部の英語に注意し、英文全体を音読する。
③ 録音された音声に合わせて音読する。スムーズに発音できるまで繰り返す。

🎧 53 《脱落する子音》

a) She <u>would</u> rather <u>fight</u> than <u>spend</u> her life running away.
　　　（ウッド）　　　（ファイト）　（スペンド）

b) The war <u>taught me that</u> we should understand our enemy.
　　　　　（トートミザット）

🎧 54 《単語同士の連結》

c) Stop fighting <u>amongst ourselves</u>.
　　　　　　　（アモングスタワーセルブズ）

d) The politician <u>calls us</u> criminals.
　　　　　　　（コールザス）

e) How could he <u>make you</u> a promise he could not keep?
　　　　　　　（メイキュ）

f) Just have belief <u>in yourself</u> and you will win the battle.
　　　　　　　　（イニュアセルフ）

50　UNIT 9　*Robin Hood: Prince of Thieves*

2 実際の台詞を聴いて空欄箇所を書き取ってみましょう。

《場面の背景》

父を殺し領地を奪ったノッティンガム代官ジョージを挑発したロビンであったが、怒りにかられた代官は、ロビンを捜索する名目で村を焼き討ちする。ロビンの個人的な復讐からトラブルに巻き込まれていると考えた村人達は彼に怒りをぶつける。しかしそもそも代官による圧政に抵抗を示さない民衆に疑問を抱くロビンは、逆に彼らに問いかけ、むしろ団結して立ち向かうことを訴える。

ROBIN OF LOCKSLEY:

You wish to end this? You wish to go home? Then we (1.   ) fighting (2.   )! And face that the price for it may be dear. I, for one, would rather die than (3.   ) in hiding. The Sheriff (4.   ) outlaws, but I say we are free! And one free man defending his home is more powerful than ten hired soldiers. The Crusades (5.   ). I will (6.   ) no promises save one, that if you truly (7.   ) that you're free, then I say we can win!

UNIT 9 *Robin Hood: Prince of Thieves*

3 リスニング力を高めるための音読トレーニング

① 〔黙読〕日本語訳も内容理解に役立てながら、英語の語順通りに読んで理解する。
② 〔音読〕チャンクごとの内容を理解しながら英文を発話していく。
③ 〔音読〕録音された音声に合わせて発話していく。②と行きつ戻りつを繰り返す。
★ 〔発展〕テキストを見ず、音声に合わせて発話していく。②③と行きつ戻りつを繰り返す。

55 ROBIN:

You wish to[3] end this[4]? / You wish to go home?
これを終わらせたいか？　　／家に帰りたいと願うか？

Then we must stop fighting / amongst ourselves[5]!
なら仲違いはやめるんだ　　　／俺達同士の間で！

And face[6] 　　　 / that the price for it may be dear[7].
そして向き合うんだ / その代償は高くつくということに。

I, for one, would rather die[8] / than spend my life in hiding[9].
俺はたった一人で死んでもいい　／こそこそ隠れて人生を送るくらいなら。

The Sheriff[10] calls us outlaws[11], / but I say we are free!
代官は俺達を無法者と呼ぶ、　　　／しかしだからこそ俺達は自由なんだと言いたい！

And one free man defending[12] his home / is more powerful /
そして自分の家を守る一人の自由な男は　　　／より力強いのだ／

NOTES
3 **wish to ...**「…したいと願う」
4 **this**　直接的には代官による村の焼き討ち、間接的には故郷を追われ、迫害されること。
5 **amongst ourselves**「我々同士の間で」
6 **face that ...**「…という現実に向き合う」
7 **dear**「(代償は) 高くつく」
8 **would rather die than ...**「…するくらいなら死んだ方がマシだ」
9 **in hiding**「隠れて」
10 **sheriff**「代官」
11 **call ... outlaws**「…を無法者と呼ぶ」
12 **one free man ...ing**「…している一人の自由人」

ROBIN:
than ten hired[13] soldiers.
10人の雇われ兵士共よりも。

The Crusades taught[14] me that[15].
十字軍で俺はそのことを学んだ。

I will make you no promises[16] / save one, /
君たちに約束はしない / 一つを除いては、/

that[17] if you truly believe in your hearts, / that[18] you're free, /
もし君達が本当に自分の心を信じるなら、 / 本当に自分は自由だと信じるなら、/

then I say we can win!
俺達は勝てると断言しよう！

---

13 **hired**「雇われた」hire ...「…を雇う」
14 **taught ... ~**「…に~を教えてくれた」
15 **that** "one free man ...ten hired soldiers" を指す。
16 **make ... a promise**「…に約束する」
17 **save one that ...**「…という一つの点を除いては」
18 **believe in your hearts that ...**「…ということを心の中で信じる」

4 Dictation

(1) We have first learned to unite (   ).

「我々はまず自分達の中で団結することを学んできたのだ」

『マルコム X』 *Malcolm X* (1992)

(2) I (   ) in agony than accept assistance from you.

「君からの援助を受け入れるくらいなら苦しんで死んだほうがましだ」

『スター・トレック』 *Star Trek* (2009)

(3) Please (   ) it's convenient.

「都合が良い時にはすぐ電話をしてほしい」

『ビッグ・リボウスキ』 *The Big Lebowski* (1998)

(4) (   ) you (   ).

「そして君がそれを教えてくれたんだ」

『21 グラム』 *21 Grams* (2004)

(5) I'll do anything to (   ) happy.

「君を幸せにするためならなんでもするよ」

『エターナル・サンシャイン』 *Eternal Sunshine of the Spotless Mind* (2004)

『バックドラフト』
Backdraft (1991)

『バックドラフト』
© ユニバーサル・ピクチャーズ・ジャパン

◆ 監督：Ron Howard / ロン・ハワード
◆ 主要登場人物（俳優）：
　Stephen McCaffrey / スティーブン・マカフレイ　(Kurt Russell) ★
　Brian McCaffrey / ブライアン・マカフレイ　(William Baldwin) ★
　Donald Rimgale / ドナルド・リムゲイル　(Robert De Niro)
　Ronald Bartel / ロナルド・バーテル (Donald Sutherland)
　John Adcox / ジョン・アドコックス (Scott Glenn)
◆ 舞台設定：1990年代アメリカ（映画が製作された時代とほぼ一致）、シカゴ
◆ テーマ：消防士の仕事、天職とは何か、兄弟の関係

あらすじ

　ブライアン・マカフレイの人生は上手くいかないことだらけだ。様々な事業を起こしては失敗し続けた彼がすがるように選んだ職は消防士であった。兄スティーブンが隊長を務める部署に新人として配属されたブライアンは、優れた消防士として知られる兄の指導も受けながら、シカゴで最も苛烈な火災現場を命からがら経験していく。

　消防士が天職とも言えるスティーブンと、だらしがなく頼りない弟ブライアンというちぐはぐなマカフレイ兄弟だが、彼らの後ろにはいつも父親の影があった。兄弟の父親はかつて優れた消防士だったが、火災現場で遭遇した爆発―逆気流現象「バック・ドラフト」―に巻き込まれ殉職していたのだった。折しも、シカゴの街ではバック・ドラフトをわざと発生させて放火殺人する事件が続発していたのだった……。

1 リスニングのポイント：a) から f) の下線部の音の変化を学びます

① 下線部の英語とカタカナ表記を見比べ、発音を把握し、音読する。
② 下線部の英語に注意し、英文全体を音読する。
③ 録音された音声に合わせて音読する。スムーズに発音できるまで繰り返す。

🎧59 《脱落する子音》

a) Maybe it's <u>not</u> everybody's way to rescue people at great personal risk.
　　（ナッｔ）

🎧60 《単語同士の連結》

b) He <u>did it</u> completely, all the way.
　　（ディディｔ）

c) <u>What did you</u> learn from today's practice?
　　（ワッディジュ）

🎧61 《変化する t 音》

d) I do <u>what I</u> do to help people in trouble.
　　（ワライ）

e) Helping others is <u>not about</u> being a person who thinks too much.
　　（ナラバウｔ）

f) <u>What if</u> he had chosen another job?
　　（ワリフ）

56　UNIT 10　*Backdraft*

実際の台詞を聴いて空欄箇所を書き取ってみましょう。

《場面の背景》

火災現場であるアパートメントに到着したマカフレイ兄弟。炎が燃え盛る中、ベテラン消防士である兄スティーブンは逃げ遅れた子供を救助するために部屋の中に突入する。見習い消防士である弟ブライアンは、臆病さから出遅れてしまい、爆炎に進路を塞がれて為す術もない。次に目にしたのは、突入したスティーブンが今度は子供を抱えて帰還する勇姿だった。兄の勇敢かつ的確な救助活動を目の当たりにし、自分の無力さと劣等感に苛まれる弟ブライアンであった。

BRIAN:

You (1.   ) all the way, Stephen. You were really a hero today.

STEPHEN:

Brian … its, it's (2.   ) being a hero. I went in because there was a kid up there. You know, I just, (3.   ) because that's my way. And it was dad's way. Maybe (4.   ) everybody's way.

BRIAN:

Dad's way? What, did he tell you that in a séance, Stephen, huh?

STEPHEN:

Fine. Fine. You said you needed to know something. Well, (5.   ) today, huh? (6.   ) another kid up there?

3 リスニング力を高めるための音読トレーニング

① 〔黙読〕日本語訳も内容理解に役立てながら、英語の語順通りに読んで理解する。
② 〔音読〕チャンクごとの内容を理解しながら英文を発話していく。
③ 〔音読〕録音された音声に合わせて発話していく。②と行きつ戻りつを繰り返す。
★ 〔発展〕テキストを見ず、音声に合わせて発話していく。②③と行きつ戻りつを繰り返す。

BRIAN:

You did it[1] all the way[2], Stephen. / You were really a hero today.
完璧な仕事だな、スティーブン。　　　/ 今日の兄さんは本当にヒーローだった。

STEPHEN:

Brian ... its, it's not about　　/ being a hero[3].
ブライアン…これは関係ないんだ / ヒーローであることとは。

I went in　/ because there was a kid　　/ up there[4].
俺は突入した / なぜなら（逃げ遅れた）子供がいたからだ / あそこに。

You know[5], I just, / I do what I do[6]　　/ because that's my way.
あのな、俺はただ、 / 自分の仕事をするだけだ / なぜならそれが俺の道だから。

And it was dad's way[7].　　/ Maybe it's not everybody's way.
そして親父のやり方でもある。/ たぶん誰もができる仕事じゃない。

NOTES
1 **You did it**「やったじゃないか」「やり遂げたな！」
2 **all the way**「ここまでずっと」
3 **being ...**「…であること」
4 **up there** 火災現場であるアパートメントは二人が話している位置からは遠く、上階でもあった。
5 **you know** ここでは「あのな、いいか」といった意味合い。
6 **what I do**「俺がやる（べき）こと」(what SV)
7 **dad's way**「親父のやり方」殉職した父親の優秀かつ勇敢な仕事ぶり

BRIAN:

Dad's way? / What,   / did he tell you that in a séance[8], Stephen, huh?[9]
親父のやり方？／なんなんだよ、／降霊術の会で親父がそう言ったのかよ、スティーブン、え？

STEPHEN:

Fine. Fine.   / You said[10]   / you needed to know something[11].
わかったわかった。／お前言ったよな／何かを掴みたいんだって。

Well,   / what did you learn today, huh?
そうだな、／今日お前は何を学んだんだ？

What if[12] there had been / another kid   / up there?
もしいたらどうしたんだ   ／もう一人の子供が／あそこに？

---

8 **in a séance**「降霊術の会で」霊能者の助けでも借りて父親の霊と話でもしたのか、といった意味合い。弟ブライアンは、兄スティーブンによる父の仕事を完全に理解しているかのような口ぶりを揶揄している。
9 **..., huh?**「…っていうのかよ、あ？」ここでは話者の（劣等感から来る）怒りも含まれる。
10 **You said ...?** ここでは「お前…って言ってたよな？」といった意味合い。
11 **you needed to know something** ブライアンが「これまでの仕事は上手くいかなかったが、この消防士の仕事で俺は変わるんだ」と言ってスティーブンに啖呵を切る場面が以前にあったことから。
12 **what if ...?**「もし…だったらどうする？」

4 Dictation

(1) (　　　　　　)!

「やったじゃないか！」（相手の功績を褒める文脈で）

『キングスマン』 *Kingsman: The Secret Service* (2015)

(2) (　　　　　　), Clarice? (　　　　　　)?

「何が見えたかな、クラリス？何が見えた？」

『羊たちの沈黙』 *The Silence of the Lambs* (1991)

(3) You know (　　　　　　) in those situations?

「私がこれらの状況で何をするか君にはわかるはずだ」

『バック・トゥ・ザ・フューチャー』 *Back to the Future* (1985)

(4) It's (　　　　　　) you.

「君について話しているのではない」

『アイアンマン2』 *Iron Man 2* (2010)

(5) (　　　　　　) there was no body?

「死体がなかったらどうする？」

『ハート・ロッカー』 *The Hurt Locker* (2009)

『マジック・イン・ムーンライト』
Magic in the Moonlight (2014)

『マジック・イン・ムーンライト』
©KADOKAWA

◆ 監督：Woody Allen / ウディ・アレン
◆ 主要登場人物（俳優）：
　Stanley Crawford / スタンリー・クロフォード (Colin Firth) ★
　Sophie Baker / ソフィー・ベーカー (Emma Stone)
　Aunt Vanessa / ヴァネッサ叔母さん　(Eileen Atkins) ★
◆ 舞台設定：1920年代フランス
◆ 特徴／テーマ：奇術と魔術の化かし合い、恋愛の不可思議さ、騙される知性

あらすじ

　時は1920年代、英国紳士スタンリーは、東洋から来た謎の奇術師ウェイ・リン・スー (Weign-lin Sue) と称してヨーロッパを巡業する売れっ子マジシャンだ。タネも仕掛けもある奇術を生業としているだけあり、彼は理性を第一に考え、この世に解明できない謎はないと豪語してはばからない。巡業先のベルリンで、スタンリーの楽屋をマジシャン仲間が訪れる。そこでスタンリーは、霊媒術師を名乗る米国人ソフィー・ベイカーについての話を聞く。

　ソフィーはフランスに住む大富豪の未亡人に取り入り、亡くなった夫の霊に会わせる霊媒活動をしているという。スタンリーは正体を隠し、ソフィーが財産目当ての詐欺を働いているのを暴こうと彼女に接触するが、彼女の透視能力でもって、自身や家族の過去を言い当てられてしまう。ソフィーには本当に霊能力があるのだろうか？奇術師としての限界を思い知るスタンリーであったが、それ以上に問題なのは、機転が利いて溌剌としたソフィーに惹かれ始めている、彼自身にも説明のつかない心の動きなのであった。

1 リスニングのポイント：a) から e) の下線部の音の変化を学びます

① 下線部の英語とカタカナ表記を見比べ、発音を把握し、音読する。
② 下線部の英語に注意し、英文全体を音読する。
③ 録音された音声に合わせて音読する。スムーズに発音できるまで繰り返す。

《脱落する子音》

a) His foolish logic suggested <u>that he should</u> love the rich girl.
（ザットヒーシュッド）

b) She is wondering if her goal may or <u>may not</u> be without a chance of success.
（メイナット）

《単語同士の連結》

c) Listen carefully when the wise old lady <u>tells you</u> something important about life.
（テルジュー）

d) Any relationship will fail without some <u>kind of</u> compatibility.
（カインダヴ）

《変化する t 音》

e) <u>What are you</u> doing?
（ワラユ）

2 実際の台詞を聴いて空欄箇所を書き取ってみましょう。

《場面の背景》

詐欺を暴こうとソフィーに近づいたものの、スタンリーは悩んでいた。婚約者オリヴィアとは深い知性と理解を分かち合って関係を築いてきたスタンリーであったが、彼はソフィーに強く惹かれて始めていたのだ。この世の全てにはタネも仕掛けもあるに決まっている、そんな不合理な心に惑わされるべきではないと虚勢を張るスタンリーを見て、彼をよく知るヴァネッサ叔母さんが口を開く……。

STANLEY:

Yet I (1.　　　　　　) feeling ...

AUNT VANESSA:

... that you love Sophie. Yes, I understand. You're puzzled and bewildered because your foolish logic (2.　　　　　　　　　　　) love Olivia.

STANLEY:

Foolish logic?

AUNT VANESSA:

And yet, how little that logic means when placed next to Sophie's smile.

STANLEY:

(3.　　　　　　　) saying?

AUNT VANESSA:

... that the world (4.　　　　　　　　　　　) without purpose, but it's not totally without (5.　　　　　　　　　).

STANLEY:

I have irrational positive feelings for Sophie Baker? It's like witnessing a trick I can't figure out.

UNIT 11 *Magic in the Moonlight*

3 リスニング力を高めるための音読トレーニング

① 〔黙読〕日本語訳も内容理解に役立てながら、英語の語順通りに読んで理解する。
② 〔音読〕チャンクごとの内容を理解しながら英文を発話していく。
③ 〔音読〕録音された音声に合わせて発話していく。②と行きつ戻りつを繰り返す。
★ 〔発展〕テキストを見ず、音声に合わせて発話。②③と行きつ戻りつを繰り返す。

STANLEY:

Yet[1] I can't help feeling ...
でも僕には抑えられない感情が…

AUNT VANESSA:

... that[2] you love Sophie.
あなたがソフィーを愛しているという感情ね。

Yes, I understand.
ええ、分かりますとも。

You're puzzled[3] and bewildered[4] /
あなたは当惑してうろたえている /

because your foolish logic tells[5] you   / that you should love Olivia.
なぜならあなたの愚かな論理は教えているわね / あなたはオリヴィアを愛するべきだと。

STANLEY:

Foolish logic?
愚かな論理ですって？

NOTES

1 **yet**「しかし」
2 **can't help feeling that ...**「…という感情を抑えられない」that ... が「抑えられない feeling」の内容を説明するわけだが、スタンレーが that ... を口に出す前にヴァネッサ叔母さんがそれを引き継いで台詞を喋っている。
3 **puzzled**「混乱して」
4 **bewildered**「当惑して」
5 **tells you that ...**「あなたに…ということを伝える」

AUNT VANESSA:

And yet, / how little that logic means[6] /
とはいえ、/ その論理はどれほどくだらないものかしら /

when placed next to Sophie's smile.
ソフィーの笑顔の横に並べられると

STANLEY:

What are you saying?
何を言っているのです？

AUNT VANESSA:

...that the world may or may not be[7] / without purpose, /
この世界は存在しているのかいないのかは分からないわ / 目的なしに、

but it's not totally / without some kind of magic.
でも全くありえない / ある種の魔法が無いということは。

STANLEY:

I have irrational[8] positive feelings / for Sophie Baker?
僕は非論理的な好意を抱いているというのか / ソフィー・ベイカーに対して？

It's like[9] witnessing[10] a trick / I can't figure out[11].
まるで奇術を見ているようだ / 自分にはタネを見抜けない。

---

6 **how little ... means**「…が意味していることがどれほどちっぽけなものか」
7 **may or may not be**「存在しているかもしれないし、していないかもしれない」
8 **irrational**「非論理的な」
9 **It is like ...ing**「まるで…のようだ」
10 **witness**「目の当たりにする」
11 **figure out**「理解する」(understand)

4 Dictation

(1) You are the son that I (　　　　　　) had.

「お前が私の息子であればよいのに」

『グラディエーター』 *Gladiator* (2000)

(2) I (　　　　　　), but he can help you.

「良いとは言えないかもしれない、けれど彼は助けになる」

『スター・ウォーズ エピソード１／ファントム・メナス』
Star Wars: Episode I The Phantom Menace (1999)

(3) It's true. That's one of the secrets that no one ever (　　　　　　).

「信じて。誰にも教えてもらえなかったろうけど本当のことだから」

『恋人たちの予感』 *When Harry Met Sally ...* (1989)

(4) This (　　　　　　) behavior is something to be proud of.

「こういった振る舞いは誇りに思うべきね」

『アメリカン・ビューティー』 *American Beauty* (1999)

(5) (　　　　　　) saying about me?

「僕のことがなんだって？」

『キャスト・アウェイ』 *Cast Away* (2000)

UNIT 12

『セッション』
Whiplash (2014)

『セッション』
© GAGA ギャガ

◆ 主要登場人物（役者名）：
　Andrew Neiman / アンドルー・ニーマン (Miles Teller) ★
　Tellence Fletcher / テレンス・フレッチャー (J.K. Simmons) ★
　Jim Neiman / ジム・ニーマン (Paul Reiser)
　Nicole / ニコール (Melissa Benoist)
◆ 舞台設定：2010 年代アメリカ（制作年とほぼ一致）、音楽大学
◆ テーマ：ハラスメント、ブレイクスルー、褒める教育・叱る教育、天才の条件

あらすじ

全米でも屈指の音楽大学、シェイファー音楽院のとある教室。最高のジャズ教師と誉れ高いテレンス・フレッチャーの授業ではパワー / モラル / アカデミック・ハラスメントを受けるのが日常だ。学生の演奏を怒鳴りつけ、物を投げつけ、頬をためらいなく平手打ちしてリズムを体に覚えさせるフレッチャーの指導は、まさに原題の通り「ムチ打つ指導」(whiplash) である。彼のジャズクラスに新しく入ったアンドルー・ニーマンも、1 日目にしてフレッチャーの「洗礼」を受けることになる。フレッチャーによる暴力的なジャズ指導を受けるアンドルーは、次第に過剰な練習にのめり込んで行くのだが……。

1 リスニングのポイント：a) から e) の下線部の音の変化を学びます

① 下線部の英語とカタカナ表記を見比べ、発音を把握し、音読する。
② 下線部の英語に注意し、英文全体を音読する。
③ 録音された音声に合わせて音読する。スムーズに発音できるまで繰り返す。

🎧 73 《脱落する子音》

a) You did a very good job.
　　　　　　　　　　（グッ ₈ ジョ ₉）

b) The teacher would not be discouraged whatever happened.
　　　　　　　（ウッ ₈ ナッ ₈）　（ディスカーリッジ ₈）　　（ハプン ₈）

c) Don't be too critical, and you should encourage your students.
　　　　　　　　　　　　　　（アン ₈ ユーシュッ ₈）

🎧 74 《単語同士の連結》

d) He had a student with great talent.
　　（ハダ）

e) And I will never regret how I trained my sons.
　（アナィウイル）　　　　　（ハワイ）

68　UNIT 12　*Whiplash*

2 実際の台詞を聴いて空欄箇所を書き取ってみましょう。

《場面の背景》

フレッチャーの狂気的な指導に影響され、ドラムの練習に過剰にのめり込むアンドルーの言動は次第に暴力的になっていく。とある音楽祭でのいざこざからついに怒りを爆発させたアンドルーは壇上でフレッチャーに殴りかかり、退学を余儀なくされる。そしてフレッチャーもまた、数々の暴力的な指導に調査が入ったことで学院を解雇されてしまう。数ヶ月後、夜のバーでたまたま再会したアンドルーとフレッチャー。二人が席を共にして語り合う中、フレッチャーは彼の教育観を改めて打ち明けるのだが……。

FLETCHER:

There are no two words in the English language more harmful than "(1.   )".

ANDREW:

But is there a line? You know, maybe you go too far (2.   ) the next Charlie Parker from ever becoming Charlie Parker.

FLETCHER:

No, man, no. Because the next Charlie Parker (3.   ).

ANDREW:

Yeah.

FLETCHER:

The truth is, Andrew, I never really (4.   ) Charlie Parker. But I tried. I actually tried. And that's more than most people ever do. (5.   ) for (6.   ).

3 リスニング力を高めるための音読トレーニング

① 〔黙読〕日本語訳も内容理解に役立てながら、英語の語順通りに読んで理解する。
② 〔音読〕チャンクごとの内容を理解しながら英文を発話していく。
③ 〔音読〕録音された音声に合わせて発話していく。②と行きつ戻りつを繰り返す。
★ 〔発展〕テキストを見ず、音声に合わせて発話していく。②③と行きつ戻りつを繰り返す。

FLETCHER:

There are no two words / in the English language /
二つの言葉はないんだ　　　/ 英語という言語には /

more harmful than "good job"[1].
"グッド・ジョブ" よりも害のある。

ANDREW:

But is there a line[2]?　　　　　　/ You know[3], maybe you go too far[4] /
でも超えちゃいけない一線はあるでしょ？/ えっと、たぶんあなたがやり過ぎて /

and you discourage the next Charlie Parker / from ever becoming Charlie Parker[5].
次世代のチャーリー・パーカーの気を挫いて / チャーリー・パーカーになれなくしているのでは。

FLETCHER:

No, man[6], no.
違うよ、君、それは違う。

NOTES

1 **there are no ... more harmful than "good job"**「"good job"ほど有害な…は無いんだ」harmful「有害な」good job「いいぞ、よくやった、うまいぞ」相手を励ましたり褒めたりする際の表現。
2 **line**「(超えてはいけない)一線」教育という名目のために暴力を振るうか、振るわないかを隔てる境界。
3 **you know** ここでは「えっと、わかるでしょ」といった意味合いの間投詞。
4 **go too far**「やりすぎる」
5 **discourage ... from ever becoming Charlie Parker**「…がチャーリー・パーカーになるのをくじく」Charlie Parker (1920–1955) 米国のジャズミュージシャン。作曲家としても "Confirmation" など名曲を多く残している。この対話では天才の代名詞として用いられている。the next Charlie Parker　次世代のCharlie Parkerとも言える、優れた演奏者、ということ。ever becoming Charlie Parker　育て方によっては次世代のCharlie Parkerになれる、ということ。
6 **man** ここでは相手に言い聞かすような口調を作る。

FLETCHER:

Because the next Charlie Parker / would never[7] be discouraged.

なぜなら次世代のチャーリー・パーカーだったら / 決して挫けたりしないからだ。

ANDREW:

Yeah[8].

そうですね。

FLETCHER:

The truth is[9], Andrew, / I never really had a Charlie Parker[10].

本当はな、アンドルー、/ 俺は実際のところチャーリー・パーカーを見いだすことができなかった。

But I tried. / I actually[11] tried.

だが俺は挑戦した。/ 実行したんだ。

And that's more than most people ever do[12].

そしてそれはほとんどの教師がやってきた以上のことなんだ。

And I will never apologize[13] / for how I tried[14].

そして俺は決して謝ったりはしない / 俺が挑戦したことについては。

---

7 **the next Charlie Parker would never …**「次世代の Charlie Parker なら…しないだろう」
8 **yeah** yes のカジュアルな表現。
9 **the truth is**「実際のところは」
10 **never really had a Charlie Parker**「チャーリー・パーカー（のような天才）は本当に見つからなかった」
11 **actually**「実際のところ」
12 **do**〔代〕try
13 **apologize**「謝罪する」
14 **how I tried**「どんなに俺が頑張ったか」

4 Dictation

(1) You did a (   ) until a week ago.

「一週間前まで君は良い仕事をしていた」

『エンゼル・ハート』 *Angel Heart* (1987)

(2) I (   ) hurt you. You (   ).

「君のことは傷つけない。わかるだろ」

『フォレスト・ガンプ』 *Forrest Gump* (1994)

(3) She (   ). It turned into a great career.

「彼女にとっては良い仕事だった。立派な経歴になったんだ」

『ダイ・ハード』 *Die Hard* (1988)

(4) You (   ).

「くじけてはダメ」

『ソフィーの選択』 *Sophie's Choice* (1982)

(5) (   ) I'm an ordinary man.

「実際のところ、私は普通の男に過ぎない」

『アラビアのロレンス』 *Lawrence of Arabia* (1963)

UNIT 13

『アイヒマンの後継者 ミルグラム博士の恐るべき実験』
Experimenter (2014)

『アイヒマンの後継者
ミルグラム博士の恐るべき実験』
©At Entertainment

◆ 監督：Michael Almereyda / マイケル・アルメレイダ
◆ 主要登場人物（俳優）：
Stanley Milgram / スタンレー・ミルグラム (Peter Sarsgaard) ★
Alexandra "Sasha" Milgram / アレクサンドラ "サーシャ" ミルグラム (Winona Ryder)
◆ 舞台設定：1960年代アメリカ
◆ テーマ：なぜ人の暴力性はエスカレートするのか、歴史における暴力の解明

あらすじ

心理学を研究するスタンレー・ミルグラム博士の実験は物議を醸していた。別の部屋にいる受験者が記憶テストでミスをするたびに被験者にボタンを押してもらうだけの単純な実験は、人間性に潜む冷酷さをあぶり出す実験だったのだ。

実験主導者は被験者に、ボタンを押せば受験者につながれた電極に電流が走るとは説明するものの、実際はつながれておらず、受験者／サクラは苦痛を隣の部屋にいる被験者に演技で伝える。

被験者には「記憶と罰の関係を探る」と偽って実施されるこの心理実験において、ミスが苦痛につながるという仕組みを伝えられた上で、被験者は受験者がミスをするたびごとにボタンを押し続けるのであろうか。

果たして多くの被験者はボタンを押し続けた。「これがあなたの仕事です」「構わずやり続けてください」と実験主導者に言われると、「普通の善良な」一般市民は際限なく他者に苦痛を与える仕事を行い続けたのだ。その心理実験は、「ただ命令に従って」ガス室を運営しユダヤ人等を大量に殺害したアドルフ・アイヒマンの心理状態にちなんで「アイヒマン実験」とのちに呼ばれるのであったが……。

1 リスニングのポイント：a) から e) の下線部の音の変化を学びます

① 下線部の英語とカタカナ表記を見比べ、発音を把握し、音読する。
② 下線部の英語に注意し、英文全体を音読する。
③ 録音された音声に合わせて音読する。スムーズに発音できるまで繰り返す。

《脱落する子音》

a) His parents <u>managed to</u> bring him up despite their poverty.
   （マネッジₐトゥ）

b) What is the <u>thing that</u> troubles you?
   （シンₐザッₜ）

c) How did the wrongdoers live <u>with themselves</u>?
   （ウィゼムセルブₓ）

《単語同士の連結》

d) Being <u>swept up</u> into the horrors of war was the fate of many in the
   （スウェプタッₚ）
   mid-twentieth century.

《変化する t 音》

e) To survive such a terrible disaster was a <u>matter of</u> chance.
   （マダオₚ）

2 実際の台詞を聴いて空欄箇所を書き取ってみましょう。

《場面の背景》

ミルグラム博士の心理学実験は、「人間はひとたび権威から役割を与えられて行動を命じられたら、それがどれほど他人を痛めつける行為であっても際限なくやり続けてしまう」という仮説を証明するためのものであった。その一環として一つの実験を終えたミルグラム博士は、独り言のように自分がこの心理実験を進めるきっかけを語り出すのであった……。

🎧 STANLEY MILGRAM:

I was born in the Bronx, 1933. My father's from Hungary, my mother Romania, Jewish immigrants. (1. _____) that they arrived in the US as children and (2. _____) raise a family in New York instead of (3. _____) the extermination camps and murdered by the Nazis, like millions of others like them in Eastern Europe. That's really what's behind the obedience experiments. The inkling I was chasing, (4. _____) me. How do civilized human beings participate in destructive, inhumane acts? How was genocide implemented so systematically, so efficiently? And how did the perpetrators of these murders (5. _____)?

3 リスニング力を高めるための音読トレーニング

① 〔黙読〕日本語訳も内容理解に役立てながら、英語の語順通りに読んで理解する。
② 〔音読〕チャンクごとの内容を理解しながら英文を発話していく。
③ 〔音読〕録音された音声に合わせて発話していく。②と行きつ戻りつを繰り返す。
★ 〔発展〕テキストを見ず、音声に合わせて発話していく。②③と行きつ戻りつを繰り返す。

STANLEY MILGRAM:

I was born in the Bronx[1], / 1933.
私はブロンクスに生まれた、 / 1993 年のことだ。

My father's from Hungary, / my mother Romania, / Jewish immigrants[2].
私の父はハンガリー出身で / 母はルーマニア、 / ユダヤ人移民だった。

It was a matter of chance[3] / that they arrived in[4] the US as children[5] /
たまたまだった / 子供だった両親が米国にたどり着いたのは /

and managed to raise a family[6] in New York /
そしてニューヨークで子供を育てるようになったのは /

instead of[7] being swept up[8] / into the extermination camps[9] /
浄化される代わりに / 強制収容所に連れて行かれて /

and murdered by the Nazis[10], /
ナチスに殺される代わりに /

like millions of others, / like them in Eastern Europe[11].
他の何百万の人々と同じように / 東欧の彼らのように。

NOTES
1 **the Bronx**「ブロンクス」New York の一区画。
2 **Jewish immigrants**「ユダヤ人移民」
3 **a matter of chance**「ほんの偶然」
4 **arrive in ...**「…にたどり着く」
5 **as children**〔時期を表す as〕「子供の時に」
6 **manage to ...**「どうにか ... する」/ **managed to raise a family**「家族を育て抜いた」
7 **instead of ...ing**「…する代わりに」
8 **being swept up**「一掃させられる」
9 **the extermination camps**「(ナチスがユダヤ人等を閉じ込め殺害していた) 強制収容所」
10 (instead of being) **murdered by the Nazis**「ナチスによって殺害される代わりに」
11 **Eastern Europe**「東ヨーロッパ」

STANLEY MILGRAM:

That's really what's behind[12] / the obedience experiments[13].
それが背景にある / この服従実験の。

The inkling[14] / I was chasing, / the thing that troubled me[15].
気になっていることだ / 私が追い求めていて、/ 私を落ち着かなくさせることが。

How do civilized human beings[16] / participate in[17] /
どのようにして文明人が / 関わるのか /

destructive, inhumane acts[18]?
破壊的で非人道的な行為に？

How was genocide / implemented[19] so systematically, / so efficiently[20]?
どのようにして虐殺が / あれほど組織的に実行されたのか、 / あれほど効率的に？

And how did the perpetrators[21] / of these murders / live with themselves[22]?
そしてどのように加害者達が / あれら殺人を犯しておいて / 平気で生活を送れたのか？

---

12 **what is ...**「…であるもの／こと」/ what's behind ...「…の背景にあるもの」
13 **obedience**「服従」、**experiment**「実験」/ the obedience experiments「服従実験」
14 **inkling**「気にかかる事柄」
15 **the thing that troubled ...**「…を混乱させる事柄」
16 **civilized human beings**「文明化された人間」
17 **participate in ...**「…に参加する」
18 **destructive, inhumane acts**「破壊的で、人道にもとる行為の数々」
19 **genocide implemented ...**「…な形で実行された虐殺」
20 **so systematically, so efficiently**「あまりに組織的に、あまりに効率的に」
21 **perpetrator**「加害者」the perpetrators of these murders「それら殺人の加害者達」
22 **live with themselves**「（彼らが）正気を保つ」

4 Dictation

(1) ... those who (   ) survive were forced to flee.

「どうにか生き残った者達は避難することを余儀なくされた」

『グランド・ブダペスト・ホテル』 *The Grand Budapest Hotel* (2014)

(2) They couldn't have lived (   ) if they hadn't gone in.

「彼らは正気を保てなかったことだろう、もし彼らがそこに入って行かなければ」

『ワールド・トレード・センター』 *World Trade Center* (2006)

(3) It was only a (   ) time.

「それはただ時間の問題だった」

『ラッシュ / プライドと友情』 *Rush* (2013)

(4) What was (   ) made you want to write this story?

「この物語を書きたいとあなたに思わせたきっかけはなんだったの？」

『Re: ライフ』 *The Rewrite* (2014)

(5) The world had been (   ) in bohemian revolution.

「世界はボヘミア革命の中で一掃されたのだ」

『ムーラン・ルージュ』 *Moulin Rouge!* (2001)

『ロスト・イン・トランスレーション』
Lost in Translation (2003)

『ロスト・イン・トランスレーション』
© アーティストフイルム

◆ 監督：Sofia Coppora / ソフィア・コッポラ
◆ 主要登場人物（俳優）：
　Charlotte / シャーロット (Scarlet Johansson) ★
　Bob Harris / ボブ・ハリス (Bill Murray) ★
◆ 舞台設定：2000年代日本（映画が製作された時代とほぼ一致）、東京
◆ テーマ：現代における孤独、異国での出会い、中年の危機

あらすじ

20代半ばのシャーロットは、カメラマンである夫の仕事に付き添い、日本に滞在している。夫が仕事で忙しいかたわら、自分は何をして良いかもわからず、孤独を感じながら、ただただ高級ホテルで時間を過ごすだけの日々が続く。50代のハリウッド俳優ボブは目立った仕事が最近は無く、日本企業のコマーシャルに出演するために来日している。慣れない日本での滞在にぎこちなさを味わいつつ、いつも孤独を感じているようだ。家族はいるし、妻と国際電話で会話はしても、どうにも気持ちは沈む。たまたま滞在しているホテルのバーで、シャーロットとボブは何けなく挨拶を交わす。異なる世代の二人が、男女関係とはまた違う形で、孤独を共有し合うように静かに親交を深めていくのだが……。

1 リスニングのポイント：a) から f) の下線部の音の変化を学びます

① 下線部の英語とカタカナ表記を見比べ、発音を把握し、音読する。
② 下線部の英語に注意し、英文全体を音読する。
③ 録音された音声に合わせて音読する。スムーズに発音できるまで繰り返す。

🎧86 《脱落する子音》

a) Does life <u>get easier</u> when you grow older?
　　（ゲッ_トイージア）

b) You never really know <u>what you want</u> out of life.
　　（ワッチュウォン_ト）

c) It's best if you <u>don't let things upset you</u>.
　　（ドン_トレッ_トシィング_スアプセッチュ）

🎧87 《単語同士の連結》

d) We're not concerned <u>about you</u>.
　　（アバウチュ）

🎧88 《変化する t 音》

e) I showed her a draft of my story, although she doesn't like <u>what I write</u>.
　　（ワダイライ_ト）

f) She'll <u>figure that out</u> when she grows up.
　　（フィギャザラウ_ト）

80　UNIT 14 *Lost in Translation*

2 実際の台詞を聴いて空欄箇所を書き取ってみましょう。

《場面の背景》
シャーロットの部屋で、クラシック映画を観て語り合い、親子ほども年の離れた孤独な二人は静かに心を通わせる。シャーロットはボブに自分の心の中身を打ち明けていく。

CHARLOTTE:
I'm stuck. (1.   )?

BOB HARRIS:
No...Yes. (2.   ).

CHARLOTTE:
Oh, yeah? Look at you?

BOB:
Thanks. The more you know who you are, and (3.   ), the less you (4.   ).

CHARLOTTE:
Yeah. I just don't know what I'm supposed to be. You know? I tried being a writer, but (5.   ). And I tried taking pictures, but they're so mediocre, you know. Every girl goes through a photography phase. You know, like horses? You know? Take, uh, dumb pictures of your feet.

BOB:
You'll (6.   ). I'm (7.   ). Keep writing.

CHARLOTTE:
But I'm so mean.

BOB:
Mean's okay.

CHARLOTTE:
Yeah.

3 リスニング力を高めるための音読トレーニング

① 〔黙読〕日本語訳も内容理解に役立てながら、英語の語順通りに読んで理解する。
② 〔音読〕チャンクごとの内容を理解しながら英文を発話していく。
③ 〔音読〕録音された音声に合わせて発話していく。②と行きつ戻りつを繰り返す。
★ 〔発展〕テキストを見ず、音声に合わせて発話していく。②③と行きつ戻りつを繰り返す。

CHARLOTTE:

I'm stuck[1].　　/ Does it[2] get easier?[3]
もう行き止まりね。/ 人生ってそのうち楽になる？

BOB HARRIS:

No…Yes[4].　　/ It gets easier.
いいや……うん。/ そのうち楽になるよ。

CHARLOTTE:

Oh, yeah?[5] / Look at you?[6]
あら、そう。/ 自分はどうなの？

BOB:

Thanks.　　/ The more[7] you know　　/ who you are[8], and what you want[9], /
そりゃどうも。/ よりはっきりとわかってくれば / 自分が誰か、そして何をしたいのか、/

the less you let things upset you.
腹を立てることも少なくなってくる。

Yeah.　/ I just don't know / what I'm supposed to be[10].
そうね。/ ただ分からないの　/ 自分が何になれるのか。

NOTES
1　**I'm stuck**「もうどうにもならない」be stuck「どこにも行けない、どん詰まりだ」
2　**it**〔文脈上、"life"（人生）と取る〕
3　**get easier**「楽になっていく」
4　**No ... Yes**「いいや（楽にはならないよ）…いや、そうじゃない（楽になるよ）」
5　**Oh yeah?**「あら、そう？」
6　**look at you?**〔直訳すれば「あなた自身を見てみたら？」だが、「あなた自身を見たらそうは思えない」といったところ。Bob 自身が "Yes (it gets easier)"「人生はもっと楽になる」と言っているにも関わらず、年配者としてちっともちっとも楽しそうではない点を踏まえて〕
7　**The more ..., the less ~**「…であればあるほど、～するようにはならなくなる」
8　**who you are**「君がどのような人であるか」
9　**what you want**「君が欲しいもの、君が望んでいること」
10　**what I'm supposed to be**「自分がなろうとしているもの」職業や、将来像など。

CHARLOTTE:

You know?[11] / I tried being[12] a writer, / but I hate what I write[13].
あのね。 / 私、作家になろうとしたの、/ でも自分の書いたものが嫌いで。

And I tried taking pictures, / but they're so mediocre[14], you know.
それから写真も撮ってみた、 / でも中途半端な出来で、わかるでしょ。

Every girl goes through[15] / a photography phase[16]. / You know, like horses?
女の子はみな経験する / 写真を撮ってみる時期を。 / その、馬に乗ったりするみたいに。

You know? / Take, uh, / dumb[17] pictures of your feet.
わかる？ / 撮ってみたりするの、その、/ 自分の脚の馬鹿げた写真を。

BOB:

You'll figure that[18] out[19]. / I'm not worried about[20] you. / Keep writing.
そのうちわかるようになる。 / 君は心配いらないよ。 / 書き続けるんだ。

CHARLOTTE:

But I'm so mean[21].
でも私は自分に厳しいから。

BOB:

Mean's okay.
厳しくったっていいさ。

CHARLOTTE:

Yeah.
そうね。

11　**you know?**「ねぇ、わかるよね？」間投詞。主に会話の間を埋める機能。
12　**try being ...**「…であろうとする」
13　**what I write**「私が書くもの」(what SV)
14　**mediocre**「素人の、中途半端な」
15　**go through ...**「…を経験する」(experience)
16　**a photography phase**「写真を撮りたくなる時期」子供が一つの趣味に没頭する時期。
17　**dumb**「馬鹿な」
18　**that**　Charlotte がこれまでにやってみたはいいものの、何一つモノにならなかった経験。
19　**figure that out ...**「それが理解できる」figure ... out「…を理解する」(understand)
20　**not worried about ...**「…については心配していない」
21　**mean**「残酷な、手厳しい」

UNIT 14　*Lost in Translation*

4 Dictation

(1) What about marriage? Does (   )?

「結婚についてはどう？　結婚生活はマシになっていく？」

『ロスト・イン・トランスレーション』 *Lost in Translation* (2003)

(2) (   ).

「嫌なことは気にしなくていい」

『ロスト・ハイウェイ』 *Lost Highway* (1997)

(3) I am honest about (   ).

「私は自分の書くものに正直なんだ」

『カポーティ』 *Capote* (2006)

(4) Well, I haven't (   ) yet.

「私にはまだ良く分からんね」

『セブン』 *Seven* (1995)

(5) I'm (   ).

「あなたのことが心配なんだ」

『スパイダーマン 2』 *Spider-Man 2* (2004)

UNIT 15

『オデッセイ』
The Martian (2015)

『オデッセイ』
© 20世紀フォックス

◆ 監督：Ridley Scott / リドリー・スコット
◆ 主要登場人物（俳優）：
　Mark Watney / マーク・ワトニー (Matt Damon)
　Melissa Lewis / メリッサ・ルイス (Jessica Chastain) ★
　Theodore Sanders / テオドール・サンダース (Jeff Daniels)
　Vincent Kapoor / ヴィンセント・カプール (Chiwetel Ejiofor)
　Mitch Henderson / ミッチ・ヘンダーソン (Sean Bean)
　Rick Martinez / リック・マルティネス (Michael Peña) ★
　Chris Beck / クリス・ベック (Sebastian Stan) ★
◆ 舞台設定：2000年代アメリカ、火星（映画が製作された時代よりやや近未来）
◆ テーマ：孤独を生き抜く、ユーモアの力、チームワークの重要性

あらすじ

やや近未来の世界、NASA（アメリカ航空宇宙局）による指揮のもと、マーク・ワトニー達5人の調査チームは火星での任務に当たっていた。そんな折、深刻な砂嵐が接近するという報告を受け、調査チームは退避のため帰還用宇宙船へと急ぐ。突如、砂嵐で吹き飛ばされたパラボラアンテナがワトニーを直撃し、彼は吹き飛ばされてしまう。ワトニーとの通信が途絶え、チームは彼が死亡したと判断し、宇宙船を発射させる。ところが、ワトニーは生存していた。チームが宇宙船で地球へ帰還している最中、彼はたった一人で火星に取り残されてしまったのである。空気も資源も限られ、誰もワトニーが生存していることに気が付いていない中、究極の宇宙サバイバルが始まるのであるが……。

1 リスニングのポイント：a) から e) の下線部の音の変化を学びます

① 下線部の英語とカタカナ表記を見比べ、発音を把握し、音読する。
② 下線部の英語に注意し、英文全体を音読する。
③ 録音された音声に合わせて音読する。スムーズに発音できるまで繰り返す。

《脱落する子音》

a) The plan is good in theory, but <u>how would it</u> work?
（ハウドイッ ト）

《単語同士の連結》

b) We should do this together or <u>not at all</u>.
（ノッ トアトール）

c) You should ask them to <u>send you back up</u> to mountains.
（センヂュバカッ プ）

d) The enemies are not <u>talking about</u> peace at the moment.
（トーキンガバウ ト）

e) Truth is <u>not a word</u> <u>that I take</u> lightly.
（ナラワー ド ザライテイク）

2 実際の台詞を聴いて空欄箇所を書き取ってみましょう。

《場面の背景》

ワトニーが生存し、救助を待っていると分かったものの、NASA はその情報を帰還中の調査チームには知らせていない。チームが軌道を火星に変更すれば多くの損失が出るからだ。しかし、フライトディレクターのミッチ・ヘンダーソンはワトニーの情報をチームに流し、一刻も早い救出を画策する。情報を得たチームは、メリッサ・ルイス船長の元、NASA の希望通り地球に帰還するか、リスクを犯してワトニーを救出しに行くかの二択を検討するのであった……。

MELISSA LEWIS:

We're (1.   ) here, which is (2.   ). So we do this together or (3.   ). And before you answer, consider the consequences. If we mess up the supply rendezvous, we die. If we mess up the Earth gravity assist, we die. If we do everything perfectly, we add 533 days to our mission. 533 more days before we see our families again. 533 days of unplanned space travel where anything could go wrong. If it's mission-critical, we die.

RICK MARTINEZ:

Sign me up.

MELISSA:

All right, cowboy, slow down. You and I, we're military. Chances are, we go home, they'll court-martial us.

MARTINEZ:

Oh, yeah, there's that.

MELISSA:

And (4.   ), I guarantee they will (5.   ) again.

CHRIS BECK:

Good, so if we go for it, how, uh, (6.   )?

UNIT 15 *The Martian* 87

3 リスニング力を高めるための音読トレーニング

① 〔黙読〕日本語訳も内容理解に役立てながら、英語の語順通りに読んで理解する。
② 〔音読〕チャンクごとの内容を理解しながら英文を発話していく。
③ 〔音読〕録音された音声に合わせて発話していく。②と行きつ戻りつを繰り返す。
★ 〔発展〕テキストを見ず、音声に合わせて発話。②③と行きつ戻りつを繰り返す。

MELISSA LEWIS:

We're talking about mutiny here, /
私達はここで反乱を起こす相談をしているのよ、/

which is[1] not a word / that I[2] take lightly[3].
それは単なる言葉じゃない / 軽率に扱っていいような。

So we do this together or not at all[4].
だから私たちはこれを全員でやるか、さもなくば何もしないか。

And before you answer, / consider the consequences[5].
そして答える前に、 / 結果をよく考えて。

If we mess up[6] the supply rendezvous[7], / we die. /
供給ランデブーに失敗したら、 / 私達は死ぬ。

If we mess up the Earth gravity assist[8], we die.
地球の重力アシストに失敗したら、私達は死ぬ。

If we do everything perfectly, / we add 533 days to our mission.
仮に全てを上手くやりきったとしても、/ ミッションに533日を追加することになる。

533 more days / before we see our families again.
もう533日かかるのよ、/ 家族と再会するまでに。

533 days of unplanned space travel / where anything could go wrong.
533日も何もしない宇宙航行、 / 途中で何かまずい事が生じるかもしれない。

NOTES
1 **We're talking about mutiny here, which is ...**「ここで口にしている反乱というのは…」
2 **not a word that I ...**「私が…する言葉ではない」
3 **lightly**「軽々しく、軽率に」
4 **not at all**「全く…ではない」
5 **consequence**「結果」
6 **mess up**「失敗する」
7 **the supply rendezvous** 宇宙空間で2機以上の宇宙船などを接近させる操作。
8 **the Earth gravity assist** 地球の重力を利用して宇宙船の方向を変更する技術。

MELISSA LEWIS:

If it's mission-critical[9], / we die.
それが致命的なものなら、 / 私達は死ぬ。

RICK MARTINEZ:

Sign me up[10].
僕はやりますよ。

MELISSA:

All right, cowboy[11], slow down[12].　　　　 / You and I, we're military.
わかったわ、勇敢なカウボーイ君、落ち着いて。 / あなたと私は、軍人でしょ。

Chances are[13], / we go home, / they'll court-martial[14] us.
おそらく、 / 私達が戻ると、 / 彼らは私達を軍法会議にかけるでしょうね。

MARTINEZ:

Oh, yeah, there's that[15].
ああ、それがあったか。

MELISSA:

And for the rest of[16] you guys[17], /
他のみんなにも言うけど、/

I guarantee[18] / they will never send you back up here again.
保証するわ、 / NASA が我々を宇宙に送ることは二度とないでしょうね。

CHRIS BECK:

Good, so if we go for it[19], 　　　　　　　 / how, uh, how would it[20] work?
構いません、じゃあもし僕らがことを進めるなら、/ どう、えっと、どうやるんです？

9　**mission-critical**「作戦として致命的な」
10　**sign me up**「俺は作戦に加わりますよ」sign up ...「...をリストに入れる」
11　**cowboy**　はやるマルティネスへの牽制として、彼を血気盛んなカウボーイに重ねている。
12　**slow down**「落ち着く」
13　**Chances are ...**「おそらくは...だろう」
14　**court-martial ...**「...を軍法会議にかける」
15　**there's that**「そうくるか」
16　**for the rest of ...**「残りの...にとっては」
17　**you guys**「あなたたち」
18　**guarantee (that) ...**「...ということを保証する」
19　**go for it**「実行する」ためらっている事柄を実行する際に用いる。
20　**it**　ワトニーを救出する作戦のこと。

4 Dictation

(1) We work together, or (   ).

　「一緒でないと仕事はしない」

　　　　　　　　　　　　　　　　　　　　『ギャラクシー・クエスト』 *Galaxy Quest* (1999)

(2) You can rest for (   ) the day.

　「今日はもう休みなさい」

　　　　　　　　　　　　　　　　　　　　　　　　『サスペリア』 *Suspiria* (2018)

(3) What are (   )?

　「何を言っているんだ？」

　　　　　　　　　　　　　　　　　　　　　　　　『ファイト・クラブ』 *Fight Club* (1999)

(4) Do you think (   ) me?

　「それは私にも効くと思う？」

　　　　　　　　　　　『X-MEN: ファースト・ジェネレーション』 *X-Men: First Class* (2011)

(5) Then he (   )?

　「じゃあ彼は君を送らなかったのだね？」

　　　　　　　　　　　　　　　　　　　　　　　　『アマデウス』 *Amadeus* (1984)

Listening Lessons
through 15 Inspirational Movies

現代映画のセリフで鍛えるリスニングスキル

編著者	小 泉 勇 人
発行者	山 口 隆 史

発 行 所 　　㈱音羽書房鶴見書店

〒113-0033　東京都文京区本郷 4-1-14
TEL 03-3814-0491
FAX 03-3814-9250
URL: http://www.otowatsurumi.com
e-mail: info@otowatsurumi.com

2020 年 3 月 1 日　　初版発行

組版　ほんのしろ
装丁　謝 暄慧（オセロ）
印刷・製本　（株）シナノ
■ 落丁・乱丁本はお取り替えいたします。

EC-073